深圳大学师范学院学术创新文库

刘杰武 ◎ 著

# 热门区域旅游发展分析

中国旅游出版社

# 前 言

2015年，旅游进入加速发展通道，房地产、文化、体育、农业、工业、医疗……各个行业在自身流量和资本的基础上纷纷进入旅游业，形成了“+旅游”发展的态势，促成了2015年以来的一波旅游发展热潮。

但自2018年以来，中国的经济发展遇到了前所未有的挑战，一方面是中美贸易战带来的整个产业层面的承压，另一方面是改革开放进入深水区探索，二者的叠加，让我国的各行各业都在经历阵痛、转型、提质、发展，谱写了我国国民经济发展波澜壮阔的奋进之路。

在这个大背景下，我国各区域的旅游业发展也在各自不同的区域背景下展开了相应的探索，这些探索既有教训，也有经验。这些探索在很多方面能够为其他区域以警示或借鉴，本书就是总结近五年来热点区域旅游发展的特点，归纳其旅游发展的经验及教训，为全国其他地区提供相应的参考。

本书共分为三篇，从总体的旅游政策分析、旅游发展趋势分析，到省域旅游的发展分析，最后是各市县的旅游发展探索。

第一篇主要是对旅游政策的分析，以及在这些旅游政策影响下、社会发展影响下，未来旅游发展的大趋势是如何的。本篇重点分析了中央工作会议相关文旅政策、特色小镇政策、国有景区门票降价政策等近年来旅游的热点动向，它们对旅游产业的发展影响深远，很大程度上奠定了未来旅游发展的趋势方向。

第二篇重点对热门旅游省份的旅游发展进行了详尽的解读与分析。本篇重点选取了贵州、海南、河南、陕西、江西、新疆、湖北、广西、浙江、江苏等省份进行剖析，其中对贵州进行了为期三年的追踪分析，对河南、海南、浙江、陕西、江西等省份也有着一年以上的持续关注，对于各省的旅游探索的各个方面都有着深入的考察，从而在此基础上提出了相应的建议，这些建议有很多是通用的，是能够在未来发展决策中加以参考的。

第三篇重点对热点旅游城市的旅游发展方式、旅游发展路径进行剖析。本篇重点选取了自2015年以来，在旅游发展中非常突出的城市加以分析，它们是邯郸、肇庆、深圳、成都、栾川。这些城市有的植根于自身的文化历史挖掘，从而创造出喜闻乐见的旅游地；有的能够在旅游资源一穷二白的基础上进行创新发展，跻身最受欢迎的旅游地前列；有的能够非常好地利用新的发展机遇，与自身的资源条件结合进行突破；有的能够顺应消费升级和新生代需求积极转型，从而成为网红城市……不一一而足，这些典型性的城市的旅游发展之路，将给中国其他城市带来思考，借鉴它们挖掘自身资源，借势发展，跨越式前行，对未来城市为主体的全域旅游发展提供了诸多经验。

本书是一部实用性的著作，立足于区域旅游发展本身，基于热点区域旅游发展的案例分析，从案例中总结规律、探讨旅游发展路径、结合旅游产业特点提出发展路径，力争为中国其他地区的旅游发展提供相应的参考，为中国的旅游事业发展添砖加瓦。

刘杰武

2019年9月26日于荔园

# 目　录

# 第一篇

# 旅游政策影响与总体发展趋势

1

# 第一章　从中央经济工作会议看文旅布局机会

2018 年 12 月 19 日至 21 日，中央经济工作会议在北京举行，会议在对 2018 年整体经济工作进行回顾的基础上，对 2019 年的经济工作进行了充分的布置，本章将对此次中央经济工作会议对未来一段时间的文旅发展布局机会进行分析。

从《2018 中央经济工作会议公报》可以看出，中央将当前及未来形势判断为“重要战略机遇期”，地产等进入文旅行业的炒地皮初衷是否能得到支持？答案是否定的。2019 年仍将坚持房住不炒的政策，即“坚持房子是用来住的、不是用来炒的定位”。那么从中央经济工作会议来看，未来有哪些文旅布局的机会呢？本章将这些机会分为三类：第一类是短期性政策机会；第二类是长期性发展机会；第三类是短期引爆与长期发展相结合机会。

## 一、短期性政策机会

所谓的短期性政策机会是指，透过中央经济工作会议可以看到的 2019 年会立即拥有政策方面的大力支持与机会，过了 2019 年或者过了 2020 年，会阶段性地完成任务或另有其他更重要任务，从而政策可能会有转移的机会。从此次中央经济工作会议中可以看到的是以下两处。

### （一）“三区三州”投资机会，重点推荐新疆及西藏边境文旅投资

中央经济工作会议提出要“打好脱贫攻坚战，要一鼓作气，重点解决好

实现‘两不愁三保障’面临的突出问题，加大‘三区三州’等深度贫困地区和特殊贫困群体脱贫攻坚力度”。

三区三州的“三区”是指西藏、新疆南疆四地州和四省藏区；“三州”是指甘肃的临夏州、四川的凉山州和云南的怒江州。2020 年是习近平总书记提出的全面脱贫年，而 2019 年是 2020 年到来前的重点攻坚年，“三区三州”就是硬骨头，以目前三区三州的环境、人力及地理条件来看，工业扶贫难度较大，农业扶贫见效缓慢，因此旅游扶贫是其中的重要内容。可以预见的是未来针对“三区三州”的旅游扶贫优惠政策、财政补贴会进一步加大，因此它们拥有短期性政策机会。

为什么推荐新疆文旅及西藏边境文旅投资呢？新疆从 2018 年开始，在北上广深等城市开始火热，风起西北，客至新疆已经成为一种趋势，在短期性政策支持下，在新旅游向新疆倾斜的风潮下，叠加近 10 年来新疆的大规模基础设施建设，让新疆的文旅投资凸显机会。

而西藏旅游的火热，则是因为小众旅游时代的来临，西藏绝美的风景在东部沿海地区再度引发关注，但奇缺的文旅设施仍是制约其发展的重要因素。“三区三州”政策的介入，会让西藏旅游的发展更加迅猛。这些都是政策带来的短期机会，需要政策的延续才能让这些机会得以维系。

### （二）乡村振兴类投资，尤其是与文旅结合的家庭农场与现代农业，可布局大都市周边的农业土地改革

中央经济工作会议指出 2019 年的重大任务中，乡村振兴仍然是重要任务之一。会议公报尤其重点提到“要重视培育家庭农场、农民合作社等新型经营主体，注重解决小农户生产经营面临的困难，把他们引入现代农业发展大格局。”“要总结好农村土地制度改革三项试点经验，巩固改革成果，继续深化农村土地制度改革。”

因此，在家庭农场、现代农业发展等方面的政策性利好将会继续释放，关于农村土地制度改革方面的政策也会进一步释放，农业土地与文旅结合的政策将更加多样，类似于浙江的“坡地村镇”的政策将会在全国更多的地区

出现，将更加有利于文旅用地的布局发展。

乡村振兴同样是一个阶段性的政策，加上投资面广而资金面相对小，投资者尤其要注意投资的阶段性，市场的选择与本身的定位，要注意政策的集中释放与本身市场是否匹配？要注意投入产出等诸多方面。另外，由于家庭农场等项目的市场更加依赖大都市，因此在大都市周边的乡村振兴类文旅项目将获得更多机会。

## 二、长期性投资趋势

中央工作经济会议同样指出了长期性的投资趋势，其中重点提到“促进区域协调发展。要统筹推进西部大开发、东北全面振兴、中部地区崛起、东部率先发展。”尤其是东部引领方面被重点提及，“目前京津冀、粤港澳大湾区、长三角等地区发展呈现出许多新特点，规模经济效应开始显现，基础设施密度和网络化程度全面提升，创新要素快速集聚，新的主导产业快速发展，要推动这些地区成为引领高质量发展的重要动力源。要增强中心城市辐射带动力，形成高质量发展的重要助推力”。

资源是有限的，空间发展必须发挥龙头带动作用，而龙头带动作用，就意味着资本、人力、产业、政策等继续向东部的集聚，在未来“要推动城镇化发展，抓好已经在城镇就业的农业转移人口的落户工作，督促落实2020年1亿人落户目标，提高大城市精细化管理水平”。需要带动更多的人口落户，必然要求有能够支撑其运转的相应的产业、基础设施与公共服务，从目前来看，东部地区基础更好、发展更快、条件更好，未来能够接纳的城镇化人口更多。

文旅在东部地区，尤其是东部大都市市区的布局投资，是应对长期发展的重要选择，是承接未来主要休闲市场发展的趋势性举措。对于文旅而言，优质人口就意味着优质市场，在“东部率先发展”的长期趋势下，更多的人口集聚、更好的产业发展，必然促使产生更多的休闲机会，文旅在东部地区的布局将会拥有更加广阔的市场。因此，就长期趋势而言，文旅在东部地区的布局更显细水长流，但由于东部地区文旅发展已经处于较高水平，因此未来的精细化探索与文旅创新都将在这些地区产生。

## 三、短期引爆与长期发展相结合机会

中央经济工作会议还提出了一个短期内即将引爆，而长期趋势又非常具有潜力的领域，那就是养老领域。

在文件中，两次单独提到“养老”，可见“养老”已成为2019年经济布局的爆点。一是“促进形成强大国内市场”方面将教育、育幼、养老、医疗、文化、旅游单独列出，指出“我国市场规模位居世界前列，今后潜力更大。要努力满足最终需求，提升产品质量，加快教育、育幼、养老、医疗、文化、旅游等服务业发展，改善消费环境，落实好个人所得税专项附加扣除政策，增强消费能力，让老百姓吃得放心、穿得称心、用得舒心。”二是“加强保障和改善民生”方面，提到“要完善养老护理体系，努力解决大城市养老难问题。要下更大气力抓好食品药品安全、安全生产和交通安全。要深化社会保障制度改革，在加快省级统筹的基础上推进养老保险全国统筹，把更多救命救急的好药纳入医保。”

从公报中可以看出养老护理已经成为重点的工作任务，2019年在此方面的政策及措施将会陆续推进，尤其是养老保险的全国统筹，推动了养老产业资本领域的流动，打破了以往资金僵化的状态，将医保、养老保险等进行了关联，更加有利于这一领域的发展，可以预见的是养老领域的发展力度将会进一步增强。

而从养老的整体趋势来看，2016年我国65岁以上的老人总数为1.5亿人，占人口比例的10.8%，预计至2020年，我国65岁以上人口数量将达到2.5亿人，因此老龄化的趋势在中国是非常显著的。虽然前期有诸多的文旅企业在此领域布局，但是地产属性强过养老本身，未来养老将真正回归养老的本身。中国老龄化趋势对于社会养老的需求巨大，这个领域的探索在近年来正在增速，但是供给缺口依旧巨大，模式探索仍在进行。与养老相关的旅游休闲，至今还停留在比较初级的观光购物之上，更深层次的开发有待拓展。因此，对于 2019 年而言，养老是一个文旅产业能够介入而且将会大力介入的政策性布局领域。对于未来而言，养老才刚刚开始。

**小结**

每年的中央经济工作会议就是来年政策与经济的风向标，从目前的公报文件来看，在文旅方面释放了“三边三州”的短期政策机会，也指导了乡村振兴的长期发展机会，更是提到了短期内将要引爆的养老产业发展的机会。

**参考文献：**

新华网 . 2018 中央经济工作会议公报 . http://www.news.cn/fortune/lhzt/5/index.htm.

# 第二章　文旅高质量发展的解析

高质量发展是2017年中国共产党第十九次全国代表大会上提出的，会议指出中国的经济发展将会由高速增长阶段向高质量发展阶段转变。整体经济的发展转向必然会带动国民经济各个行业的变动，文旅产业也在其中。那么如何实现文旅产业的高质量发展呢？本章认为可以从以下路径进行探索。

## 一、理念先行，厘清文旅产业高质量发展的核心理念

文旅高质量发展，首先要解决的就是理念的问题，理念先行是一切发展的先决条件。文旅的高质量发展，必须有先进的理念，那就要搞清楚，在经济转向高质量发展的阶段什么是高质量的？那必然是能够引领社会思潮的，能够体现民族自信的，能够适应当前以及未来人们日益增长的需求的发展理念，文旅一定要注重以引领和发展的理念进行未来的指导。

## 二、扎根行业，顺应行业发展规律的发展

文旅高质量发展，第二就是要扎根行业。文旅行业本身有着创造价值、传播文化的功能，文旅作为一个行业，首先是创造价值，包括经济价值和社会价值。当然在此之前要分清是经济价值优先还是社会价值优先。对于产业而言，肯定是经济价值优先，而且要让企业可以持续不断地进行创新的经济实力，是要倡导文旅企业健康持续地产生经济效益。另外，文旅又肩负着创

造社会价值的重任，因此在创造经济价值的同时，要注重社会价值的树立与挖掘。文旅行业在创造社会价值、经济价值的同时，也要进行文化的传播，文旅行业是能够直接进行文化传播的产业，通过文旅产业的发展，在国内能够实现地方文化向全国的传播，也推动了先进地区文化向落后地区的传播，这就是文旅的传播作用。只有扎根行业，才能真正地把握行业的发展规律，进而顺应发展规律进行抉择。

## 三、把握趋势，顺应和引领消费趋势

文旅产业，本身也是消费产业的一个分支，只是在消费内容、消费形式与消费空间上与其他消费品类有所不同。然而同在消费领域，就应顺应消费品发展的基本趋势，不仅要顺应趋势，还要引领趋势。要注意高质量文旅产业，不仅是自身的产品质量过硬，更重要的是能够顺应当前的消费趋势，也能够引领未来的消费趋势，让人们能够更加健康、有序地进行文旅消费。

## 四、创新产品，合理应对产品生命周期

文旅产业不仅要顺应和引领消费趋势，还要把握消费品本身的规律，那就是只要是消费品就有产品生命周期，文旅产品也不能例外。而应对产品生命周期的不二法门就是创新产品，只有不断加大对产品的创新，才能够延长文旅产品的生命周期。这一点在酒店、景区、旅行社中都是适用的。以景区为例，在空间固定的情况下，只有不断地创新景区内的产品，才能不断地延续景区的生命周期，甚至让景区能够再次成为潮流。例如，黄山引入网红小火车，锦绣中华引入剧本杀开发“锦绣江湖”项目等，都是空间固定下的产品创新，且取得了非常好的效果。

## 五、长情发展，持续的投入铸就高质量文旅

文旅产业与其他行业的不同还在于，文旅产业需要的是长情发展，需要文旅企业长时间不断地投入精力进行探索与创新，就像文旅业的龙头企业迪士尼，自它诞生的70多年以来，一直走在投入与创新的道路上。文旅业不是一锤子买卖，它的产品在初步诞生后，更多的是长年累月地不断精进，高质量的文旅来自长情的投入与精益求精的探索。

## 六、拥抱技术，始终与时代前沿同行

文旅产业要高质量地发展，还要积极拥抱先进的技术。从世界上第一个主题公园的诞生就可以看到，新技术的应用对于文旅业至关重要，行业一定不能故步自封，停滞不前，一定要拥抱技术，利用最新的技术，与时代的最强声同行，作为一个技术与人的服务结合的行业，始终在时代的前沿。

# 第三章　新政策下的特色小镇发展分析

2018年8月30日，国家发展和改革委员会发布《国家发展改革委办公室关于建立特色小镇和特色小城镇高质量发展机制的通知》（发改办规划〔2018〕1041号），下文简称《通知》。这标志着自2017年12月国家发展改革委、国土资源部、环境保护部和住房城乡建设部联合印发了《关于规范推进特色小镇和特色小城镇建设的若干意见》（发改规划〔2017〕2084号）（以下简称《意见》），针对特色小镇热潮的及时刹车及清理整顿已经取得阶段性进展，新的一轮特色小镇和特色小城镇的探索工作开始展开，文件下达后各地响应，至2018年9月，省一级发改委第一批特色小镇推荐案例（2个以内）报送国家发改委，预计2018年底完成申报工作，2019年1月，完成最终的审核工作。

本章将从9个方面解读《国家发展改革委办公室关于建立特色小镇和特色小城镇高质量发展机制的通知》给特色小镇发展带来的新变化。

## 一、发改委全面主导特色小镇、特色小城镇事宜

国家发改委1041号文件《通知》表明，最开始由住房城乡建设部主导，而后由国家发展改革委、国土资源部、环境保护部和住房城乡建设部四部委共同主导的特色小镇申报及审批工作，已经完全交由国家发改委主导，这是主导机关的变更，随之而来的是特色小镇和特色小城镇的发展探索的巨大改变。这一点可以从文件的依托逻辑看出，主要依托的是2016年10月8日印

发的《关于加快美丽特色小（城）镇建设的指导意见》以及2017年12月四部委印发的《关于规范推进特色小镇和特色小城镇建设的若干意见》，而住房城乡建设部、国家发展改革委、财政部三部委于2016年7月18日印发的《关于开展特色小镇培育工作的通知》（建村〔2016〕147号）、已经不被作为相关依据了。因此，在地方的申报创建中一定要明确：是国家发改委在主导工作了！

## 二、规则变了：告别命名制，实行创建达标制

从整个文件通篇的思路来看，就是告别了住房城乡建设部以往特色小镇创建的命名制思路。何谓命名制？命名制就是从全国各地遴选出诸多特色小镇候选，然后通过最后的创建工作，最终选出若干符合条件的特色小镇，收入“全国特色小镇”名录，授予“全国特色小镇”称号，一经授予，一般不予摘除，创建工作也至此结束，各申报单位在获得称号后再由各地省、市政府给予政策配套。

而《通知》明确了国家对特色小镇和特色小城镇未来的发展思路就是创建达标制。“逐年组织各地区挖掘并推荐模式先进、成效突出、经验普适的特色小镇和特色小城镇，按照少而精原则从中分批选择典型案例，总结提炼特色产业发展、产镇人文融合和机制政策创新等典型经验，以有效方式在全国范围推广，发挥引领示范带动作用。”因此，不像命名制只是能够带来单个的特色小镇发展，《通知》将带来的是先进特色小镇、特色小城镇的发展新模式，以及更加有序推广优秀经验的新路径。

为了更好地推广特色小镇发展经验，由“多而广”转向“少而精”。住房城乡建设部主导特色小镇申报工作时期，在命名制下，为了实现更好的覆盖，采取的是“多而广”的命名方式，住房城乡建设部、国家发展改革委、财政部三部委于2016年7月18日发布的《关于开展特色小镇培育工作的通知》（建村〔2016〕147号）（以下简称《通知》）提出发展目标为“到2020年，培育1000个左右各具特色、富有活力的休闲旅游、商贸物流、现代制造、教育科

技、传统文化、美丽宜居等特色小镇，引领带动全国小城镇建设，不断提高建设水平和发展质量。”而本次《通知》则秉承的是“少而精”的思路，要求各省级发改委推荐不多于2个典型案例，最终这一批的特色小镇、特色小城镇得以审批的个数应控制在70个以内，远低于之前的数量。

《通知》“鼓励探索差异化多样化经验”“鼓励各地区挖掘多种类型小镇案例，避免模式雷同、难以推广。立足不同产业门类，挖掘先进制造业、农业田园类及信息、科创、金融、教育、商贸、文旅、体育等现代服务类案例。立足不同地理区位，挖掘‘市郊镇’‘市中镇’‘园中镇’‘镇中镇’等特色小镇案例，以及卫星型、专业等特色小城镇案例。立足不同运行模式，挖掘在机制政策创新、政企合作、投融资模式等方面的先进经验。”

区别于以往的命名制特色小镇一旦获得称号，一般不会摘除称号，创建达标制实行的是动态考核机制，《通知》明确提出“坚决淘汰一批缺失产业前景、变形走样异化的小镇和小城镇”。“统一实行有进有退的创建达标制，避免一次命名制，防止各地区只管前期申报、不管后期发展与纠偏。”

创建达标制下，特色小镇和特色小城镇不再是一劳永逸的结果，而是一个持续不断的探索过程，是一个经验推广过程，是一个不断相互学习、共同提升的过程，同时也是一个优胜劣汰的过程。

## 三、明确特色小镇、特色小城镇的界定条件

《通知》明确了典型特色小镇和特色小城镇的条件。此前住房城乡建设部《关于开展特色小镇培育工作的通知》并未对特色小镇的条件、范围、大小进行界定，直至国家发改委2016年12月《国家发展改革委关于加快美丽特色小（城）镇建设的指导意见》（发改规划〔2016〕2125号）提出：“以镇区常住人口5万以上的特大镇、镇区常住人口3万以上的专业特色镇为重点，兼顾多类型多形态的特色小镇，因地制宜建设美丽特色小（城）镇。”四部委联合印发的《关于规范推进特色小镇和特色小城镇建设的若干意见》（发改规划〔2017〕2084号）中明确特色小镇“规划用地面积控制在3平方千米左右，其

中建设用地面积控制在1平方千米左右，旅游、体育和农业类特色小镇可适当放宽”，但仍未区分特色小镇与特色小城镇，本次《通知》首次将特色小镇、特色小城镇的基本条件阐述清楚。

特色小镇的基本条件为：“立足一定资源禀赋或产业基础，区别于行政建制镇和产业园区，利用3平方千米左右国土空间（其中建设用地1平方千米左右），在差异定位和领域细分中构建小镇大产业，集聚高端要素和特色产业，兼具特色文化、特色生态和特色建筑等鲜明魅力，打造高效创业圈、宜居生活圈、繁荣商业圈、美丽生态圈，形成产业特而强、功能聚而合、形态小而美、机制新而活的创新创业平台。”

特色小城镇的基本条件为：“立足工业化城镇化发展阶段和发展潜力，打造特色鲜明的产业形态、便捷完善的设施服务、和谐宜居的美丽环境、底蕴深厚的传统文化、精简高效的体制机制，实现特色支柱产业在镇域经济中占主体地位、在国内国际市场占一定份额，拥有一批知名品牌和企业，镇区常住人口达到一定规模，带动乡村振兴能力较强，形成具有核心竞争力的行政建制镇排头兵和经济发达镇升级版。”

《通知》确认了特色小镇非建制镇非产业园区，明确了特色小镇的利用国土空间和建设用地大小;《通知》也确认了特色小城镇为建制镇，明确了各自的定位与条件，这是自2016年开始探索特色小镇以来，对特色小镇与特色小城镇这两个概念最明晰的界定。

## 四、设立标准化指标体系，更具指导意义

此次《通知》有着比以往更加明晰的指标体系。从特色小镇创建以来，尤其是住房城乡建设部主导下的特色小镇创建工作，对于特色小镇创建的指标体系一直不明晰，总体而言是“特色鲜明的产业形态、和谐宜居的美丽环境、彰显特色的传统文化、便捷完善的设施服务、充满活力的体制机制”五大方面，但一直没有明确的指标体系以及与之对应的指标要素分解。

而此次《通知》的内容将整个指标量化、细化了。在附件表《________省（区、市）或计划单列市特色小镇推荐案例》中，明确了推荐的特色小镇的六大方面，即：（1）主要运行模式；（2）特色产业发展；（3）宜居宜游水平；（4）特色文化风貌；（5）机制政策创新；（6）可复制性经验。

在附表《________省（区、市）或计划单列市特色小镇和特色小城镇数据》中，将可量化评价指标类别及细化指标分别进行了列举，其中特色小镇三大指标类型分为17个细化指标，三大指标类型为“宜业”“宜居”“宜游”，17个详细指标详如表3-1所示。

**表3-1 各省（区、市）或计划单列市特色小镇基本信息**

| 基本信息 | 特色小镇名称：________省________市________县（市、区）________特色小镇<br>类型：先进制造类、农业田园类或信息、科创、金融、教育、商贸、文旅、体育等现代服务类 | |
|---|---|---|
| | 主要投资运营商名称： | |
| | 负责人姓名、职务及电话： | |
| **指标类别** | **指标** | **数据** |
| 宜业 | （1）已累计完成投资额（亿元）<br>其中：已完成特色产业投资额（亿元） | |
| | （2）所属县级政府综合债务率（%） | |
| | （3）主要投资运营商资产负债率（%） | |
| | （4）已吸纳就业人数（万人） | |
| | （5）年缴纳税收额（亿元） | |
| | （6）已入驻企业数（个）<br>其中：规模以上工业企业数（人）<br>世界或中国500强企业数（个） | |
| | （7）已入驻企业发明专利拥有量（项） | |

续表

| 指标类别 | 指标 | 数据 |
| --- | --- | --- |
| 宜居 | （8）已建成区域的用地面积（亩）<br>其中：建设用地面积（亩）<br>住宅用地面积（亩）<br>生态绿地面积（亩） | |
| | （9）规划区域预计用地面积（亩）<br>其中：建设用地面积（亩）<br>住宅用地面积（亩）<br>生态绿地面积（亩） | |
| | （10）已建成区域常住人口数（万人） | |
| | （11）已完成智慧化管理设施投资额（亿元） | |
| | （12）已建成区域 Wi-Fi 覆盖率（%） | |
| | （13）15 分钟社区生活圈覆盖率（%） | |
| | （14）公共文化服务设施建筑面积（平方米） | |
| | （15）公共体育用地面积（平方米） | |
| 宜游 | （16）年接待游客人数（万人次） | |
| | （17）特色风貌建筑面积占比（%） | |
| 注：①省级发展改革委组织有关方面认真填报，确保数据真实可靠。<br>②数据时间节点为 2018 年 12 月 31 日。<br>③规模以上工业企业指年主营业务收入 2000 万元以上。 | | |

特色小城镇三大指标类别 18 个细化指标，三大指标类别为“经济发展”“公共服务”“绿色生态”。18 个细化指标详如表 3-2 所示。

**表 3-2　特色小城镇细化指标**

| 基本信息 | 特色小城镇名称：________省________市________县（市、区）________镇<br>类型：卫星型、专业型或其他类型 | |
| --- | --- | --- |
| | 负责人姓名、职务及电话： | |
| **指标类别** | **指标** | **数据** |
| 经济发展 | （1）地区生产总值（GDP）（亿元）<br>其中：特色产业增加值（亿元） | |

续表

| 指标类别 | 指标 | 数据 |
|---|---|---|
| 经济发展 | （2）固定资产投资额（亿元）<br>其中：特色产业投资额（亿元） | |
| | （3）入驻企业数（个）<br>其中：规模以上工业企业数（个） | |
| | （4）非农就业人数（万人） | |
| | （5）公共财政收入（亿元） | |
| | （6）居民人均可支配收入（万元） | |
| 公共服务 | （7）常住人口城镇化率（%） | |
| | （8）镇区常住人口数（万人） | |
| | （9）镇区现有建设用地面积（平方千米）<br>其中：居住用地面积（公顷） | |
| | （10）镇区规划建设用地面积（平方千米）<br>其中：居住用地面积（公顷） | |
| | （11）固定宽带家庭普及率（%）<br>移动宽带用户普及率（%） | |
| | （12）生活垃圾收集处理率（%） | |
| | （13）生活污水收集处理率（%） | |
| | （14）人均公共文化服务设施建筑面积（平方米） | |
| 绿色生态 | （15）镇域面积（平方千米） | |
| | （16）年接待游客人数（万人次） | |
| | （17）3A 级及以上景区数（个） | |
| | （18）文物保护单位和非遗代表性项目数（个） | |
| 注：①省级发展改革委组织有关方面认真填报，确保数据真实可靠。<br>②数据时间节点为 2018 年 12 月 31 日。<br>③规模以上工业企业指年主营业务收入 2000 万元以上。 | | |

通过明晰化的指标类型和分解的细化指标，能够为特色小镇和特色小城镇的申报工作带来明确的指引，也能够通过对指标类型及指标的数据量化、数据分析得到相关的特色小镇、特色小城镇发展的经验，有利于总结模式。

## 五、产业！产业！还是产业！

《通知》全篇内容中对特色小镇和特色小城镇的发展工作阐述里，重中之重就是“产业”。《通知》在指导思想中就直接提出“以引导特色产业发展为核心”；在基本原则中提出“坚持产业立镇”，要做到“立足各地区比较优势，全面优化营商环境，引导企业扩大有效投资，发展特色小镇投资运营商，打造宜业、宜居、宜游的特色小镇和特色小城镇，培育供给侧小镇经济。”

关注产业，支持产业健康发展，这一内核也在特色小镇和特色小城镇的数据表里时刻体现。特色小镇的指标类型排列中，“宜业”排在第一位，“宜居”排在第二位，“宜游”排在第三位，而在特色小城镇数据指标类型中“经济发展”放在首位，“公共服务”放在第二位，“绿色生态”放在第三位，这就与之前三部委《关于开展特色小镇培育工作的通知》文件中“休闲旅游、商贸物流、现代制造、教育科技、传统文化、美丽宜居”的排位顺序完全不同了，因此产业优先成为此次《通知》的关键导向，而之前许多地方将特色小镇建设解读为旅游休闲小镇建设的错误观点将不会再出现。

产业发展的细化指标，在特色小镇中共有7项，分别是：（1）已累计完成投资额（亿元）；（2）所属县级政府综合债务率（%）；（3）主要投资运营商资产负债率（%）；（4）已吸纳就业人数（万人）；（5）年缴纳税收额（亿元）；（6）已入驻企业数（个）；（7）已入驻企业发明专利拥有量（项）。从这7个指标可以明显发现产业发展思路，低负债、高创新的小镇开始受到青睐。

在特色小城镇的经济发展中，经济发展的细分指标共有6项，分别是：（1）地区生产总值（GDP）（亿元）；（2）固定资产投资（亿元）；（3）入驻企业数（个）；（4）非农就业人数（万人）；（5）公共财政收入（亿元）；（6）居民可支配收入（万元）。从这6个指标也可以看到产业健康、财政健康、产城融合、城镇带动乡村发展的建制镇将备受青睐。

产业发展中尤其强调要纠正“房地产化的苗头”，“在创建名单中，逐年淘汰住宅用地占比过高、有房地产化倾向的不实小镇”，未来将通过严控土地审批，加大产业发展在评定中的比重，将房地产化这一趋势逐步清理。

## 六、风险！风险！严防风险！

《通知》特别强调严控风险，对于前期特色小镇发展过程中的 PPP 项目，针对地方政府为特色小镇发展背书，甚至直接举债发展的现象；运营商举债发展特色小镇而导致资金链紧张甚至断裂，最终危害特色小镇发展的问题，本次《通知》明确提出已创建名单中，“政府综合债务率超过 100% 的市县通过国有融资平台公司变相举债建设的风险小镇，以及特色不鲜明、产镇不融合、破坏生态环境的问题小镇”要逐年淘汰。而在特色小镇申报数据中，有所属县级政府综合债务率（%）、主要投资运营商资产负债率（%）两项指标需要上报。

《通知》还通过附件表 3-3 对特色小镇的融资情况进行全面的摸排，严防前期特色小镇建设发展中出现的金融风险，对投资运营商、融资主体、融资意向金融机构、项目类型、产业发展内容、基本建设内容、预计总投资、预计建设周期、预期年化收益率等需要充分了解，力图做到从项目之初就严控项目风险。

**表 3-3　各省（区、市）或计划单列市特色小镇融资信息**

| 类别 | 分项 | 信息 |
|---|---|---|
| 基本情况 | （1）特色小镇名称 | ______省______市<br>______县（市、区）<br>______特色小镇 |
| | （2）主要投资运营商名称 | |
| | （3）融资主体名称 | |
| | （4）融资主体所有制性质（民企含控股、央企含控股或地方国企业含控股） | |
| | （5）融资意向金融机构（开发银行、农业发展银行或光大银行） | |
| | （6）融资主体负责人姓名、职务及电话 | |

续表

| 类别 | 分项 | 信息 |
| --- | --- | --- |
| 项目情况 | （7）项目类型（特色小镇综合体项目或内含子项目） | |
| | （8）产业发展内容（生产平台、展示平台、服务平台及其他产业配套设施） | |
| | （9）基本建设内容（基础设施、环保设施、公共服务设施、便民商业设施、智慧化管理设施及土地房屋征收拆迁补偿等） | |
| | （10）项目预计总投资额（亿元） | |
| | （11）项目预计建设周期（年） | |
| | （12）项目预期年化收益率（%） | |
| 需求情况 | （13）申请信贷额度（亿元，不超过项目总投资的 75%，融资主体自有项目资金不低于 25%） | |
| | （14）期望贷款利率（原则上保持在 4.9% 的 5 年以上贷款基准利率左右） | |
| | （15）期望贷款期限（原则上不超过 15 年） | |
| | （16）期望放贷时序（一次性或分阶段，时间跨度不超过 3 年） | |
| | （17）期望付息频率（季付、半年付、年付或其他） | |
| 附：复印件。①立项批复：企业投资项目的备案通知或项目申请报告核准批复，政府投资项目的项目建议书批复、可研批复和初步设计批复。②土地批复：国有土地使用合同（或选址意见书）、建设用地批准书（或国有土地划拨决定书）。③规划批复：建设用地规划许可证、建设工程规划许可证。④环评批复。 | | |

## 七、创新机制："创建达标制"与"省级主导创建制"

《通知》中明确了特色小镇创建的长效机制。

首先是"创建达标制"制度的建立。"创建达标制"使得特色小镇创建成为常态。

而第二个长效机制就是"省级主导创建制"，明确了省一级为创建的主导部门，国家级为最终审核部门。这使省一级拥有更大的自主权，能够根据自己的情况，灵活地进行创建，也有利于省一级的长效监督与实施。

并同时赋予了省一级更多的操作任务，未来的探索工作将落在省级发展和改革委员会，包括以下四个方面：

第一，“各地区要依据特色小镇与特色小城镇本质内涵的差异性，调整并分列现有省级特色小镇和特色小城镇创建名单，分类明确功能定位和发展模式。”

第二，要分列逐年淘汰三类小镇：（1）住宅用地占比过高、有房地产化倾向的不实小镇；（2）政府综合债务率超过100%市县通过国有融资平台公司变相举债建设的风险小镇；（3）特色不鲜明、产镇不融合、破坏生态环境的问题小镇。

第三，对创建名单外的小镇和小城镇，加强监督检查整改。

第四，省级发展和改革委员会于每年12月，将调整淘汰后的省级特色小镇和特色城镇创建名单、数据，报送国家发展改革委。

## 八、及时反思，勇于纠偏

本次国家发改委1401号文件《通知》的一个重要基调就是“反思与纠偏”，对于前期“概念不清、盲目发展及房地产化苗头”进行反思与纠错，要“严格遵循发展规律、严控房地产化倾向、严防政府债务风险为底线”，“建立规范纠偏机制”。要“坚持规范发展”，“同时规范特色小镇和特色小城镇创建工作，把握内涵、纠正偏差、正本清源，坚决淘汰一批缺乏产业前景、走形变样异化的小镇和小城镇”。

对于三类特色小镇的清理力度将会加大：（1）住宅用地占比过高、有房地产化倾向的不实小镇；（2）政府综合债务率超过100%市县通过国有融资平台公司变相举债建设的风险小镇；（3）特色不鲜明、产镇不融合、破坏生态环境的问题小镇。

将对“已公布的96个全国运动休闲特色小镇、两批403个全国特色小城镇创建名单，持续开展评估监督和优胜劣汰，适时公布整改名单”，“对于创建名单外的小镇和小城镇加强监测，视情况动态公布警示名单”。

因此，未来的特色小镇和特色小城镇是有进有出、有督导、有监测的动态创建过程，对于小镇和小城镇而言，不论是已创建的还是已列入名单的，本次《通知》后，都不得松懈，未来的监督监测将会更加严厉，持续发展创新才能避免整改或摘牌。

## 九、金融创新服务：搭建政银对接服务平台

在前期的特色小镇的探索中，之所以会发生诸多PPP暴雷事件，本质还是特色小镇的建设缺乏资金的问题。因此，《通知》还有一个重大的金融创新，就是在金融方面“搭建政银对接服务平台”。国家不再对特色小镇和特色小城镇的发展，在金融方面采取放任态度，转而开始主动搭建平台，进行政银对接服务。

引导金融机构逐年为符合高质量发展要求的特色小镇和特色小城镇，在债务风险可控前提下提供长周期、低成本融资服务，支持产业发展及基础设施、公共服务设施、智慧化设施等建设。

在附件《________省（区、市）或计划单列市特色小镇融资信息》中，有对特色小镇建设的融资需求情况的调研了解，包括申请信贷额度、期望信贷利率、期望贷款期限、期望放贷时序、期望付息频率等方面的信息，国家通过相关银行机构支持特色小镇发展。特色小镇需求情况如表3–4所示。

**表3–4 特色小镇需求情况**

| | | |
|---|---|---|
| 需求情况 | （13）申请信贷额度（亿元，不超过项目总投资的75%，融资主体自有项目资本金不低于25%） | |
| | （14）期望贷款利率（原则上保持在4.9%的5年以上贷款基准利率左右） | |
| | （15）期望贷款期限（原则上不超过15年） | |
| | （16）期望放贷时序（一次性或分阶段，时间跨度不超过3年） | |
| | （17）期望付息频率（季付、半年付、年付或其他） | |

省级发展改革委组织收集特色小镇信息，汇总印送省级开发银行、农业发展银行和光大银行，并会同省行完成尽调小镇信息报送总行，抄送国家发展改革委。各总行开辟绿色通道，在2019年1月底完成评审和融资服务，将批复投放情况报送国家发展改革委。

**小结**

本章从九个方面对《国家发展改革委办公室关于建立特色小镇和特色小城镇高质量发展机制的通知》（发改办规划〔2018〕1041号）的政策进行了解读，2018年的特色小镇和特色小城镇工作已然启动，希望在新的政策下，国家特色小镇的发展更加健康、有序、高效。

# 第四章　文旅小镇的再起航

2018年8月30日，国家发展和改革委员会发布《国家发展改革委办公室关于建立特色小镇和特色小城镇高质量发展机制的通知》(发改办规划〔2018〕1041号)文件，下文简称《通知》。这是自2017年12月四部委联合印发《关于规范推进特色小镇和特色小城镇建设的若干意见》(简称《意见》)后，在特色小镇建设方面的又一重磅文件。如果把2017年的四部委下发《意见》视为给特色小镇降温、整顿信号，那么现在的国家发改委1401号文件《通知》，则是特色小镇未来发展的"新政"，那么在新政之下，以前发展很好的特色小镇，未来会有哪些趋势变化呢？

国家发改委1041号《通知》文件的下达，标志着新的特色小镇的启动，给正在努力创建的特色小镇带来了明确的指向，同时也给已经获得国家特色小镇名号的单位戴上了"紧箍咒"，那就是"规范特色小镇和特色小城镇创建工作，把握内涵、纠正偏差、正本清源，坚决淘汰一批缺乏产业前景、走形变样异化的小镇和小城镇"。

具体而言什么是"产业前景、走形变样异化的小镇和小城镇"？本次发改委的文件中也给出了明确的信息，那就是以下三类小镇。

"(1)住宅用地占比过高、有房地产化倾向的不实小镇；

(2)政府综合债务率超过100%市县通过国有融资平台公司变相举债建设的风险小镇；

(3)特色不鲜明、产镇不融合、破坏生态环境的问题小镇。"

因此，"已公布的96个全国运动休闲特色小镇、两批403个全国特色小城镇创建名单，持续开展评估监督和优胜劣汰，适时公布整改名单”，目前已经通过命名的 499 个小镇，就需要检视自己是否属于这三类小镇了。

## 一、不实小镇

国家发改委对于“不实小镇”的定义主要是从“住宅用地占比过高、有房地产化倾向”方面界定的，此方针主要针对“假小镇真地产”项目。

针对特色小镇“房地产化倾向”的清理贯穿整个文件，这是遵循的 2017 年 12 月国家发改委等四部委联合印发的《关于规范推进特色小镇和特色小城镇建设的若干意见》，该《意见》提出:“各地区要综合考虑特色小镇和小城镇吸纳就业和常住人口规模，从严控制房地产开发，合理确定住宅用地比例，并结合所在市县商品住房库存消化周期确定供应时序。适度提高产业及商业用地比例，鼓励优先发展产业。科学论证企业创建特色小镇规划，对产业内容、盈利模式和后期运营方案进行重点把关，防范‘假小镇真地产’项目。”

这一次 1041 号文件《通知》再一次将“住宅用地占比过高、房地产化”用于定义“不实小镇”，反映了未来长时间内特色小镇项目对“房地产化”的高压态势，也有助于特色小镇回到原本的主题“特色”上来。

目前已经命名的全国运动休闲特色小镇、全国特色小城镇也需要适时审视自己的项目构成，对于前期地产比重过重的项目进行清理或整顿，尽快回到特色产业主导的主题上来。

## 二、风险小镇

国家发改委对“风险小镇”的定义相较于以往的描述已经有了明确的指向，那就是“政府综合债务率超过 100% 市县通过国有融资平台公司变相举债建设的”小镇。

风险小镇是随着特色小镇的火热，地方政府、投资者或开发商以高杠杆或高债资进入特色小镇开发领域而引起的，随着高杠杆出现的资金链断裂、债资带来的难以偿付、地方政府信用背债、开发商或地方政府利用融资平台套取资金等行为不断发生，甚至出现大批 PPP 项目跑路等，最终使地方背负巨大债务，特色小镇项目停滞、工地欠薪等一系列事件发生。在此情况下财政部于 2017 年 4 月和 5 月连续出台《关于进一步规范地方政府举债融资行为的通知》（财预〔2017〕50 号）、《财政部关于坚决制止地方以政府购买服务名义违法违规融资的通知》（财预〔2017〕87 号），对地方政府在特色小镇建设过程中的举债融资和违规融资行为进行打击。

2017 年 4 月 26 日，财政部、发改委、“一行三会”以及司法部等六部委联合发布《关于进一步规范地方政府举债融资行为的通知》（财预〔2017〕50 号）：“地方政府不得将公益性资产、储备土地注入融资平台公司，不得承诺将储备土地预期出让收入作为融资平台偿债资金来源，不得利用政府性资源干预金融机构正常经营行为”“融资平台公司在境内外举债时，应当向债权人主动书面声明不承担政府融资职能”“地方政府不得以借贷资金出资设立各类投资基金、严禁地方政府利用 PPP、政府出资的各类投资基金等方式违法违规变现举债”。

2017 年 5 月 26 日，财政部再次印发《财政部关于坚决制止地方以政府购买服务名义违法违规融资的通知》（财预〔2017〕87 号）。87 号文件是 50 号文件的延伸，提出“严格按照规定范围实施政府购买服务”“严格规范政府购买服务预算管理”“严禁利用或虚构政府购买服务合同违法违规融资”。“三严”之下，确保防范特色小镇带来的金融风险。

而在本次 1041 号文件《通知》中，则进一步明确了风险小镇的内涵：一是“政府综合负债率”设置了红线“100%”；二是此类政府的手段加以界定，即“通过国有融资平台公司变相举债建设”。这一点比以往更加明确，在特色小镇数据表中，特地为此设置了相应的统计表格（见表 4-1）。

表 4–1　特色小镇基本情况

<table>
<tr><th>类别</th><th>分项</th><th>信息</th></tr>
<tr><td rowspan="6">基本情况</td><td>（1）特色小镇名称</td><td>________省________市<br>________县（市、区）<br>________特色小镇</td></tr>
<tr><td>（2）主要投资运营商名称</td><td></td></tr>
<tr><td>（3）融资主体名称</td><td></td></tr>
<tr><td>（4）融资主体所有制性质（民企含控股、央企含控股或地方国企业含控股）</td><td></td></tr>
<tr><td>（5）融资意向金融机构（开发银行、农业发展银行或光大银行）</td><td></td></tr>
<tr><td>（6）融资主体负责人姓名、职务及电话</td><td></td></tr>
</table>

未来，不论是已创建的 499 个全国特色小镇，还是即将创建的特色小镇，都必须对融资更加审慎，一旦进入“风险小镇”的红线，就会迎来预警，甚至退出。当然，国家也创新了融资渠道以及金融支持，用于发展特色小镇的健康融资。

## 三、问题小镇

此次国家发改委 1041 号文件《通知》还明确了一类，就是“问题小镇”，“问题小镇”主要是从“特色不鲜明、产镇不融合、破坏生态环境”三个方面来界定的。

### （一）特色不鲜明

特色鲜明是特色小镇的立镇之本，早在 2017 年《关于规范推进特色小镇和特色小城镇建设的若干意见》就已经明确：“各地区要准确理解特色小镇内涵特质，立足产业‘特而强’、功能‘聚而合’、形态‘小而美’、机制‘新而活’，推动创新性供给与个性化需求有效对接，打造创新创业发展平台和新型城镇化有效载体。不能把特色小镇当成筐、什么都往里装，不能盲目把产业园区、旅游景区、体育基地、美丽乡村、田园综合体以及行政建制镇戴上特色小镇‘帽子’。”本次《通知》后依然会将重点放在将“产业园区、旅游景区、体育基地、美丽乡村、田园综合体以及行政建制镇”扣上“特色小镇”帽子的清理上。

### （二）产镇不融合

特色小镇的产业必须能够带动城镇化发展，而特色小镇和特色小城镇应该是“新型城镇化与乡村振兴的重要结合点，也是促进经济高质量发展的重要平台。”如果出现产镇不融合，违背了城镇化发展的基本规律，很可能是因为产业畸形导致的，例如，脱节于当地经济社会发展阶段的地产化倾向等。

### （三）破坏生态环境

在2017年《关于规范推进特色小镇和特色小城镇建设的若干意见》中对于特色小镇建设过程中破坏生态环境和侵占耕地的行为提出了严正警告，这一次的1041号文件《通知》将出现此类行为的小镇定义为“问题小镇”。其相关要求可参照《意见》:“严格节约集约用地。各地区要落实最严格的耕地保护制度和最严格的节约用地制度，在符合土地利用总体规划和城乡规划的前提下，划定特色小镇和小城镇发展边界，避免另起炉灶、大拆大建。鼓励盘活存量和低效建设用地，严控新增建设用地规模，全面实行建设用地增减挂钩政策，不得占用永久基本农田。

合理控制特色小镇四至范围，规划用地面积控制在3平方千米左右，其中建设用地面积控制在1平方千米左右，旅游、体育和农业类特色小镇可适当放宽。”“严守生态保护红线。各地区要按照《关于划定并严守生态保护红线的若干意见》要求，依据应划尽划、应保尽保原则完成生态保护红线划定工作。严禁以特色小镇和小城镇建设名义破坏生态，严格保护自然保护区、文化自然遗产、风景名胜区、森林公园和地质公园等区域，严禁挖山填湖、破坏山水田园。严把特色小镇和小城镇产业准入关，防止引入高污染高耗能产业，加强环境治理设施建设。”

**小结**

新一轮特色小镇和特色小城镇的申报工作已经启动，对于已经命名成功的全国特色小镇和全国体育休闲小镇而言，却已戴上了紧箍咒，需要时刻审视自己是不是“不实小镇”“风险小镇”“问题小镇”，整改提升探索一刻也不得闲，直至成为真正的“特色小镇”。

# 第五章　降免门票政策下景区出路探析

自从2018年3月5日，时任总理李克强在政府工作报告中提出降低重点国有景区门票价格的工作安排以来，围绕景区是否应该降低门票、如何降低门票已经讨论了很长一段时间。事实上这已经不是第一次讨论这个问题了，结论也非常清晰，而政府的举措表明，免、降门票政策已经在路上了，事实上我们需要转换话题，更多地关注免、降门票的后续事宜。

## 一、尘埃落定，降门票已成定局

2018年6月29日，国家发改委发布《关于完善国有景区门票价格形成机制　降低重点国有景区门票价格的指导意见》（简称《门票指导意见》），要求今年降低重点国有景区门票价格取得明显成效。国家发改委价格司副巡视员程行云说："在今年'十一'黄金周旅游高峰前，切实降低一批重点国有景区偏高的门票价格。同时，不得提高景区内交通运输等其他游览服务价格，变相增加游客负担。"这其实已经把基调定下来了，时间表也制定了，路径也已经给出了，事实上，部分"先进""示范"地区和景区已经率先宣布降门票了。

从目前已经出现的降价通知看，国内多省市已经逐步落实门票下调工作，平均降幅在10%~30%。例如，从2018年6月1日起，山东省世界文化遗产"孔庙、孔府、孔林"即"三孔"景区门票价格由每人150元降为每人140元，同时游客还能购买"三孔+X"的四种新联票等。湖北省宜昌市发改委和宜昌市旅游委对该省西陵峡风景区、三峡猴溪、世外桃源、车溪土家民俗旅游区等12家重点景区（点）发文，降低了门票价格，整体降幅达10%以上。江苏省物价局在推动瘦西湖等景区先期降价后，又于7月1日起，将5A级旅游景区常熟沙家浜旺季门票从110元降至100元。北京市转发发改委门票指导意见，在2018年“十一”前，各景点也将陆续贯彻这一意见。

凡此种种，可以看出，国有景区降门票已经成为板上钉钉的事情，在既有事实的情形下，应当更多地关注降门票后续的影响、投资的策略、操作实施、政策反思等方面。

## 二、烈火烹油，免门票也频频出现

降门票在如火如荼地展开，而更加激进的是免门票也在悄然实施。现阶段已经出现的是个别省份的国有景区针对部分时段、部分人群的免门票行为，但未来不排除全面免门票的景区会陆续涌现。

2018年5月3日，黄山市发改委（市物价局）修订了《黄山市旅游景区门票及相关服务价格管理实施细则》，规定自2018年6月1日起“（一）6周岁（含6周岁）以下或身高1.2米（含1.2米）以下的儿童；65周岁（含65周岁）以上老年人；残疾人；现役军人、军队离退休人员凭有效证件免收门票。（二）6周岁（不含6周岁）至18周岁（含18周岁）未成年人、全日制大学本科及以下学历学生；60周岁（含60周岁）至65周岁（不含65周岁）的老年人减半收取门票。（三）爱国主义教育基地、游学见习基地、红色旅游景点对未成年人、大中小学学生集体参观实行免费开放。（四）内含宗教活动场所的景区，对宗教教职人员、信教群众凭有效证件实行免票游览。（五）暂不具备免费开放条件的城市公园和纪念馆、博物馆、展览馆，对儿童、学生团体、现役军人、军队离退休人员、老年人、残疾人、低保户等应实行免门票开放。”其后，7月20日—26日，九华山对蚌埠、铜陵市民免门票。免门票的潮流从黄山市开始向外流行。

## 三、激荡前行，免、降门票背景下的几点建议

未来免门票的趋势会随着黄山市的首发效应及样板效应向全国扩散，可以预见的是会有一大批景区在政府与舆论的压力下降价，甚至免门票。因此需在疾风烈火的免降门票风潮之下，提出相关的可行性建议，在此本章向政府及投资者分别提出以下建议。

### （一）政府：量力而行、谋定后动

本次景区免、降门票的主要推动者是政府，在两会郑重提出，发改委指导意见跟进，各地区政府发改委联合物价局紧密跟进，层层推动，步步落实，已成大势。

但本章在此的建议是各地政府在进行免、降门票时一定要量力而行，一定要计较得失，不能够盲目跟风，不可以大干快上，要理解本地旅游景区企业的实际能力。

从前文中可以看出，黄山市已经在免、降门票方面走出了坚实的一大步，是国家这一门票政策下的第一个响应地区。它这一步无疑非常明智，不论从政治、还是从舆论方面绝对会成为典范，也将会成为样板，未来也必定会有其他政策向其倾斜，而且作为第一个大张旗鼓免门票的地区，会极大程度上被人们记住，从而获得很大的首发效应。而且黄山本身既有国际市场，又深处长三角城市群，免门票之后的游客井喷也是可以预见的。

其他城市能否全面学习黄山？对此，笔者认为应当持谨慎态度，每个城市应当测算免、降门票能够带来的实际效应，以及将会给城市及景区带来的实际负担，做好免、降门票后续的景区盈利问题探讨，还要做好免、降门票后带来的游客超出环境承载情况的防范，并做好节假日因免、降门票而导致的景区爆棚问题。各城市应当合理地测算自己的接待能力、应急处置能力，公共品供给能力等诸多方面，能得到什么、将失去什么，都要提前测算好，否则盲目跟风只会带来满地狼藉，影响本地旅游企业健康发展。

同时政府也要做好善后工作，免、降门票必然给景区带来直接的利润下

降，政府需要制定相关政策或措施，在税收、土地、补贴、贷款、信用、准入等方面给予企业一定的补偿，不至于因为这一政策的实施导致企业的亏损或破产，所以要做好准备，不能只做行政命令，不管后续事宜。

### （二）景区：主动谋变、积极应对

在政府下达免降门票的政策背景下，景区也是只能执行，因此主动谋变、积极应对就成了企业需要做的事情。

在当前环境下，旅游形势大好，但是旅游公司的挣钱效应并未体现出来。从2017年上市公司年报可以看出，旅游板块整体而言是萎靡的，旅游上市公司的年净利润很少有超10%的，能超过5%的公司也不多，甚至还有许多旅游上市公司是亏损的。在盈利的上市公司中，基本上利润增长率2017年较2016年是下降的。

从旅游上市公司的年报中看收入构成，门票收入、车船票收入一直是它们的重要的收入来源，这部分收入在许多公司能占到50%以上，因此一旦降免门票，门票价格每下降10%，净利润的下降将超过5%，如果持续降免门票，可以预见，2018年尚有微利的旅游上市公司2019年将出现大幅亏损。旅游上市公司如此，非上市的旅游企业就更难逃脱亏损命运。

那么，应如何应对呢？

第一，要学会传达信息。

政府在响应上级要求制定政策的时候，可能并没有来得及照顾企业的感受，在木已成舟的情况下，企业还是应当把困难向政府反映，从而让政府在其他方面给予一定的补偿，通俗来说“会哭的孩子有奶吃”。

第二，要谋变。

门票减少后，要主动谋变，要在其他渠道，如餐饮、住宿、娱乐、交通等方面能有所回补，或者改变土地性质，或者有其他需求的，需要提早向政府提出申请，及早进行转型发展，否则绵绵亏损之下，如温水煮青蛙，越往后越难谋变，最后甚至倒闭。

第三，要布局。

降免门票后，必然迎来一波旅游潮，景区要推动政府制定准入机制，在景区周边影响范围内，优先景区布局，抢占发展先机，从而补充门票带来的利润缺失，增加其他方面的收益，弥补不足。

### （三）投资者：闻风而动、清醒布局

对于投资者而言，免、降门票是一场盛宴，景区投资进不去或很难进去这没关系，免、降门票，尤其是大型国有景区免降门票，如黄山风景区，必然会带来大量的人潮，这些增加的游客所需的吃、住、行都是巨大的商机，在环境保护的要求下，这些需求很难在中心景区得以实现，这就为周边影响地区的配套带来了巨大的商机，投资者可以循着旅游产业链及旅游影响区域进行提前布局。

在中心景区免、降门票的同时，肯定还会对景区承载量有所限制，迟滞的客流必然要被分流，这就为周边的旅游休闲带来了新的机遇，农业综合体、特色小镇、休闲项目、民宿民居……这些都将成为分流的重要内容，投资者可以按照这个思路进行延伸投资。

因此，有见地的投资者在发现大型国有景区免降门票的情况下，可以闻风而动，提早按照以上两条思路进行布局，并期待能够收获一波利润。

**小结**

免、降门票已成定局，但希望政府能够量力而行、体谅当事旅游企业、合理补偿、持续引导；旅游企业在已成定局的情况下要加强与政府沟通、传递信息、主动谋变、积极布局；而投资者可以闻风而动、谨慎评估、提前进入，收获一波政策红利。

# 第六章　未来三年旅游发展与投资趋势分析

时值岁末，2018年旅游业的纷纷扰扰逐渐远去，展望未来三年，会有怎样的风波与机遇，会有怎样的蓝图与深坑？本章将对未来三年的旅游发展进行剖析，为旅游行业决策做出分析。

## 一、趋势一：旅游人数增速放缓成必然，寒冬已至需做准备

从我国的大众旅游真正形成开始，我国的旅游业随着经济发展已经在快速增长的道路上飞驰了20余年，除了2003年“非典”及2008年亚洲金融危机，我国的旅游增速基本保持在10%左右，与我国的经济发展速度相匹配，甚至略高于经济增速。但是自2018年中美贸易战以来，中国经济开始暴露自身经济过热带来的一系列问题，经济结构面临转型；中美贸易战加速了这一进程，2018年5月以来，各行各业的警钟不断，上市公司不断爆雷，2018年第一季度GDP的增长率为6.9%，第二季度GDP的增长率为6.7%，第三季度GDP的增长率为6.5%，第四季度GDP的增长率只会更低。经济增速放缓，就业率也在下降，各公司的裁员此起彼伏，民企的破产潮流也如约而至。根据智联招聘2018年第二季度、第三季度《中国就业市场景气报告》显示，招聘需求同比下降27%。12月5日，国务院签发《关于做好当前和今后一个时期促进就业工作的若干意见》，也从侧面反映出当前的裁员潮。

历来旅游发展与经济发展之间具有一定的滞后性，经济发展放缓，一定时间后，旅游增速也会放缓。2018年的经济增速放缓，可支配收入减少，必

然反映在消费上，2018年的旅游增速在一系列政策的刺激下（如门票降价等）不一定立即下降，但是经济颓势必然会反映在2019年上，加上2019年的节假日安排，并不生拼硬凑成连续假期，这对旅游也有一定的影响，因此，2019年旅游人数和旅游经济增速放缓已成必然态势。

经济增速放缓会沿产业链传递，制造业的寒冬率先到来，然后是服务业，2019年将会轮到消费领域，而旅游正是其中重要的一块。旅游产业寒冬将至，处在行业里的企业及个人需要为度过这场寒冬而做准备，激进的投资与大规模的扩张，敌不过资金链的不安全，风险与机会并存时要多看看风险。

## 二、趋势二：旅游行业利润下降成必然，行业将加速迭代

在旅游人数增速放缓的同时，旅游人均消费的下降也成趋势，2015年全国旅游总人数40亿人次，旅游总收入3.42万亿元，旅游每人每次平均消费855元；2016年全国旅游总人数44.4亿人次，旅游总收入3.94万亿元，旅游每人每次平均消费887元；2017年全国旅游总人数50.01亿人次，旅游总收入5.4万亿，旅游每人每次平均消费1080元。2017年前都是人次与每人每次平均消费均大幅增长的局面，但是2018年以来的经济增速放缓，必然会影响到旅游人均消费，这一点在2018年的“十一黄金周”旅游消费上就可以充分看出。2019年旅游增速放缓、旅游人均消费降低，而新增旅游景区、新建旅游项目却并未减少，这种情况必然带来2019年各景区旅游人数的摊薄以及旅游行业的利润下降。

具体而言，景区、酒店业、旅行社三大旅游产业支柱利润都在下降。

景区的利润下降，既因为景区的数量增加，使得平均旅游者人数的摊薄；此外，由于城市的基础配套设施越来越充分，免费的公园、购物中心、休闲中心不断增加，分流了城市旅游者；加上发改委2018年10月以来实施的景点门票下降政策，大型景区门票价格平均10%左右的降幅，将景区本已微薄的利润再次降低。

酒店业受到民宿业的冲击，其利润下降已成定论，五星级酒店在2016年、

2017年整体逆势扭亏，反映了2015年以来的消费升级趋势，以此来看2018年注定是惨淡的一年，加上新税制实施、社保严规对于劳动力资源行业的冲击，经济更趋艰难的2019年，相信酒店业的日子会更加难过。

旅行社的利润则受到电商的进一步挤压，天猫飞猪“双十一”的旅游线路预售已经将国内线路的利润压到最低，加上旅行社还要向电商付佣金及推广费，国内旅游的利润越发减少。而国际旅游方面，随着自由行的流行，旅行社在东南亚市场的团队游已经没落，南太平洋的澳纽线团队游也在逐步没落，而北美、欧洲、中东非等新兴市场自由行的比例迅速增加，进而取代旅行社的团队旅游；加上传统的机票、酒店预售、景区门票等业务已经被在线旅游电商大幅取代，未来旅行社的经济活动空间将更加局促。

2019年是旅游行业的迭代之年，原有的支撑旅游行业的三大产业都面临生死危机，未来旅游企业的生存将更加艰难，因此首先是活下去，然后是迭代发展，这是未来所有旅游企业必须思考的问题。

## 三、趋势三：乡村旅游项目迟滞，旅游规划行业下行成必然

2016年和2017年是特色小镇年，2018年是乡村振兴年，大量的政策资金、政策优惠及社会资本涌向乡村振兴领域，但是与特色小镇投资可以选择不同产业并通过地产、文旅、产业等多种形式变现不同，乡村振兴中的乡村旅游项目可变现的路径更少，社会资金参与的力度并不大，更多的是政府的资金在运作。乡村旅游项目的产出较为单调，尤其是其中的农产品由于其季节性、周期性以及市场局限性，加上我国农产品的深加工水平有限，附加值并不高，乡村旅游的热度在逐步削减。

乡村旅游项目的基本盘就是本地客群，本地客群总体没有大增长，甚至在经济大形势下还会有所萎缩的情况下，乡村旅游的竞争必然加大。而从目前的投入来看，一个田园综合体项目或乡村振兴项目投入往往上亿元，产出却非常有限，乡村旅游项目难以回本是目前的常态。经过2018年的盲目投入，到2019年乡村旅游的本质会被逐步认清，高投入低产出，带来的必然是项目

的后继乏力。2019 年特色小镇持续暴雷，新加入的乡村旅游相关的项目，包括田园综合体、古村复兴……许多并不是算的经济账，未来这类高投入、低产出的项目还需要源源不断的维护费用投入，一旦维护费用难以为继，项目失败的可能性极大。

而旅游规划行业则是依托于旅游规划与开发的中介企业，乡村振兴、全域旅游与景区创 A 升级是目前旅游规划企业最后的三个热点领域，随着乡村振兴中乡村旅游项目的迟滞，这项业务也将减少，全域旅游业务也接近尾声，景区创 A 升级的盘子有限，不仅旅游规划企业在争夺，其他规划企业也在争夺，2019 年摆在旅游规划企业面前的选择已经不多，行业下行已成必然趋势。旅游规划行业如果不能深入旅游运营本身，以运营前置的思维来整体考量项目的策划与空间落地，那么留给旅游规划的产业空间将会更加狭窄，政府主导的旅游规划将会越来越少，迎合企业发展与行业需求的策划与规划需要旅游规划企业深耕行业、持续跟进，擅长蜻蜓点水式的宏大叙事的旅游规划企业将敌不过能够精细化、深耕化运作的企业。

## 四、趋势四：网红项目风光不再，明星领域陆沉

2018 年是网红景区年，在诸多的网红景区中有一大批是依靠网红项目带火的，诸如玻璃桥、玻璃滑道、摇摆桥、无边泳池、灯光秀等网红项目带火了许多景区，其中最火爆的是玻璃桥项目，它在某些景区中能够在短期内带来 6~10 倍的旅游人数增幅，这些在 2018 年风光无限的网红项目，在未来命运将会如何?

答案是：网红项目将风光不再。原因就在于项目的同质化与过度供给。

以网红玻璃桥为例，它在中国的发源地是河南省驻马店市，目前该地区拥有玻璃桥及滑道项目的景区不下 20 个，玻璃桥、玻璃滑道几乎成为当地各个景区的标准配置，网红项目的引流效应几乎归零，各个景区继续在同一条起跑线上竞争，网红玻璃桥同质化的配置使整个河南地区的景区厮杀都非常惨烈。同一地区诸多玻璃桥项目的上马，尝新过后，人们已经对这个项目失

去兴趣。而网红项目又是以精准市场、快速引爆、大量聚集、迅速兑现为基本投资原则的，一旦项目不能在短时间内引来大量人流，迅速回本，那么它的亏钱效应就会展现，同质化与过量供给将会让网红项目成为亏损项目。当然，在热度持续之下，未来仍然会有网红项目的营造，但是网红属性会快速消退，网红项目会逐步回归项目本身。

2019 年也将是旅游投资明星领域黯淡下来的一年，2017 年以来的旅游投资明星领域包括民宿领域、亲子与儿童乐园，前者的光环已经在逐步消退，后者则是 2018 年最闪亮的一颗星，吸引了大量的资本进入。

北京某精品民宿的总监感慨，“精品民宿已经越来越难以收回投资了”，2013 年左右进入北京民宿市场，当时是一年收回投资，2018 年是 6 年半左右收回投资，未来会需要 10 年甚至更长时间才能收回投资，这还是在严格控制人力成本与合理利用各种投资手段下实现的。如果不具备这些能力的民宿投资者贸然进入，那么入行就入坑。这样的故事，已经在江浙、云南、湖南等地区发生，民宿的投入与产出难以平衡，整个行业仅有少量的民宿艰难存活，多数民宿已经难以为继。未来的民宿领域远不是某些人疾呼的“乡村民宿大有可为”，而是真真实实的“有坑、慎入”。

亲子乐园同样会由蓝海领域变为红海领域。2017 年、2018 年是亲子乐园儿童的风光时刻，赚钱效应非常明显，有不少类似“松鼠乐园”一样的旅游企业，在 2017 年、2018 年进入这个领域，当年投入，当年收回投资。随之而来的是诸如融创、万达、恒大、华侨城……大小资本竞相涌入的亲子乐园领域，很多景区也适应趋势，积极引入儿童亲子类项目进行景区改造升级。2019 年，随着越来越多的亲子类乐园的入市，同质化项目扎堆出现，吸引力减弱，导致只能在价格上进行竞争。例如，目前成都的亲子乐园已有十余家，各家间的项目、设施、主题大同小异，未来这些亲子乐园、儿童乐园在市场饱和的情况下将会上演“八仙过海、各显神通”的残酷竞争。

## 五、趋势五：在线旅游格局鲜明，巨头之下无完卵

2018年是中国在线旅游二十年的收局之年，风云变幻，群雄割据的时代逐渐落幕。在2018年末迎来了同程艺龙的上市，但是已经无关大局了，在这个格局鼎定的一年中，携程依然是在线旅游的龙头老大，但是在线旅游整个板块已经悄然改变，旅游不再是与世无争的单品消费，它与其他消费品一样，在互联网的大格局中被纳为大消费领域中的一小块。

在互联网的国度中，“消灭你、但与你无关”的跨界威胁从未停止，即使是携程这样的老大，也面临着在线消费巨头的跨界威胁。美团、阿里的入局，让整个在线旅游行业战火再起，携程去哪儿、美团点评、阿里飞猪将会在2019年后呈现出更加清晰的市场格局，场景迁移成为重要手段，在巨头之下，资本寒冬带来的是在线旅游企业第二梯队、第三梯队的至暗时刻，并且会越来越差。

之所以说场景迁移非常关键，就在于随着手机里App越来越多，单一功能且低频次的App就会被弃置甚至删除，常用场景的App才得以保留。携程2017年年度销售总额（GMV）达到6000亿元，是行业当之无愧的龙头，基于其龙头地位，在酒店、航空、景区、游记攻略等方面都有联动效应，价格优势明显，才得以在手机中保留。其他在线旅游企业，诸如马蜂窝、同程艺龙、途牛、驴妈妈、众信等无论是在资讯还是在品类方面远远不及携程，跨界巨头进入旅游业后，这些第二梯队、第三梯队成员率先承压，用户减少将不可避免。

随着大消费领域板块之间的打通，阿里、美团点评等巨头相继进入在线旅游行业。其中从美团点评2015年开始，凭借在餐饮端的良好应用场景，成功地引流了一大批都市人群，使之成为都市人群的必备App，在场景迁移中，由餐饮向泛旅游的酒店预订、景区门票售卖进行迁移，积分通用、激励券互动等都能够带来良好的转化效果。同一App内部的场景迁移阻力非常小，配合专业化团队，能够润物细无声地将已有客户引流至旅游消费，这也是华南区美团点评在长隆门票销售代理逆袭携程的重要原因。因此，美团点评虽然

在目前的在线旅游中份额并不太高，但是未来的发力不可小觑，在2019年的资本寒冬中，这样润物无声的巨头介入，将会加快二、三线在线旅游企业的死亡。

阿里飞猪的成长则是依托于阿里集团，能够充分享受阿里淘宝、天猫、支付宝、蚂蚁金融、阿里白条、借呗、花呗等整个阿里巴巴体系的资源，2016年阿里飞猪的年销售总额达到1000亿，2018年的“双十一”期间，用飞猪购买旅行商品的用户同比增长了30%，机票公务舱产品销售同比增长300%。据阿里飞猪负责人介绍，阿里飞猪预计到2020年GMV将达到万亿。在阿里的整体生态体系下，金融功能也在助力在线旅游业务，飞猪客户甚至可以提前半年借款买入飞猪产品而不用付息，这对年轻人群体的吸引力尤其大。从支付宝到花呗等一系列产品，打通了消费者的资金直达道路，阿里飞猪在在线旅游的深度介入，将为整个在线旅游行业带来巨大震动。与之相比，现有在线旅游企业的举措就显得苍白，诸如驴妈妈等企业推出的“先游后付”策略，由于缺乏足够的金融支撑，缺乏足够的场景迁移，市场营销难以抵挡体系化的进攻。

携程仍是在线旅游业的龙头，但美团点评与阿里飞猪在进行降维介入。美团点评在积极地进行场景迁移，快速地介入这个大蛋糕，而阿里飞猪则毫不掩饰地大举进攻，三巨头在2019年将会在这个市场中纵横捭阖、真枪实弹地比拼，而第二梯队、第三梯队的同程艺龙、途牛、马蜂窝、驴妈妈、众信旅游等企业，则面临着更加压缩的生存空间，抱团取暖、整合兼并将在2019年上演，第二、第三梯队的成员还将继续被整合兼并，群雄落幕的时代在2019开启，巨头之下无完卵，未来在线旅游企业将只有几个巨头在博弈。

## 六、趋势六：未来还未来，前瞻项目需审慎

2018年听到的最多的词语就是“未来已来”，尤其是在VR领域，有无数的专家学者在鼓吹“未来焦虑论”，未来已来了吗？至少在旅游领域，“未来还未来”。

VR领域不可否认是一个未来可见的潜力领域，但是到2019年，VR领域在旅游领域中还是很难实现投资变现的，目前VR领域带来的沉浸式体验、全息影像等方面，在技术上还有瑕疵，在体验上还难以实现无缝对接，也很难引起新生代以外人群的大关注，因此在流量达到千万级别的大商场中，VR产品体验有一定的稳定转化率，但是在景区中，很难达到如此大的人流量，且缺乏体验闲暇的情况下，至今景区引入VR的效果并不太理想。2019年并不是旅游业大规模布局VR技术的大年，这个趋势还没有到来，少量的资金入场做一点点的产品尝试可以，但如果在“未来已来”的焦虑下大举投入，得不偿失的可能性更大。最近来看，元宇宙等概念虽然被炒作得非常厉害，但是仍然没有解决基本的技术问题，离炒作描绘的未来虚拟世界的宏大的构想还需等待技术突破。

## 七、趋势七：境外旅游持续火爆，海外旅游投资波澜壮阔

境外旅游的热潮一直未减，2015年出境游人数1.17亿人次，总消费1045亿美元，2016年出境游人数1.22亿人次，总消费1098亿美元，2017年出境人数1.3亿人次，总消费1152.9亿美元.每年的出境旅游人次都在稳步增长，人均消费也在880美元以上，出境旅游客群是一个稳定增长的市场，而且是一个高消费市场，这个是随着中国的中产阶级人群的壮大而壮大的。从某种程度上来说，中国的经济增长持续，中产阶级的增长就在继续，对海外旅游的需求就会继续增加，即使是2018年中美贸易战背景下，中国赴美国的旅游者人数仍然在缓慢增长就说明了这一问题。北美、南美、欧洲、中东非仍然是旅游者净增区域。2019年境外旅游这个高端市场还会继续增长，以此为依托的自由行产品仍有非常大的空间，这一点从2018年的“双十一”阿里飞猪的海外产品售卖火爆可以看出。

随着境外旅游的持续火爆，海外旅游投资在2019年也稳步增加。习近平主席提出“一带一路”倡议至今已有5年，中国同共建“一带一路”沿线国家的经济联系日益紧密，这也为中国赴“一带一路”国家旅游提供了良好的

基础，根据中国旅游研究院数据显示，中国出境到“一带一路”沿线国家的游客人次逐年攀升，由2013年的1549万人次增长到2017年的2741万人次，五年间增长了77%，年均增速达15.34%。出境游游客人数增长显著，也为中国在海外旅游投资，尤其是向“一带一路”国家的旅游投资奠定了良好的基础。背靠中国庞大的市场、合理利用“一带一路”国家便宜的劳动力、自然资源、土地、原材料等优势，享受当地优惠的税务及其他政策，将成为众多出海投资企业的选择。而另一部分布局欧美、澳纽、中东非的资本，则盯紧未来中国旅游者对这些地区的旅游消费需求增长潜力，提前布局，静静等待，慢慢成长。

以中国庞大的客群市场为基础，有针对性地进行海外旅游投资就成为一种可行的选择，2019年以此为基础进行的海外投资将会继续增加，但是受限于国家的外汇管理制度，这种投资不会无序爆发，而是会呈现一种逐步增加的态势。例如，华南旅游资本正在加速向东南亚地区的旅游投资，依据就是立足于华南地区巨大的出境游市场，广深距离整个东南亚的飞行时间在3小时以内，东南亚风光秀丽、政局稳定的区域都可以成为潜在的投资所在。例如，距离广州直飞2小时可抵达的目的地——菲律宾马尼拉，目前已经有非常多的广东资本进入，就是这个原因。

但是对“一带一路”的海外旅游投资也不是没有风险，与中国的政局稳定不同，“一带一路”的许多国家政局并不稳定，从而导致政策不持续的风险巨大，比如马尔代夫新总统上台后倒向印度从而为难中国，让之前中国在马尔代夫的旅游投资遭受巨大的打击。

总体而言，2019年中国的旅游海外投资还会持续扩大，依托“一带一路”、依托中国游客流动进行全方位的布局谋篇。

## 八、趋势八：区域热点仍有价值，风起西北控资源

在国内旅游投资中，虽然整体市场不景气，并不代表没有区域热点，机会总是有的，关键是要有发现机会的眼睛。其中，旅游潮流板块轮换带来的

机遇就是非常好的，目前这个轮换就是自 2018 年下半年开始的西北旅游风潮已经愈演愈烈。

区域热点投资一直是旅游投资的重要领域，抓住主要的客群市场，及时把握客群市场的动向，精确跟进，成为旅游投资的重要方式。例如，2015 年以来，受益于中西部崛起，布局于郑州、武汉、长沙、南昌、成都、重庆的项目均取得了良好的效益。时至 2019 年，区域热点投资板块再次轮换，如长三角市场与珠三角市场的叠合——江西省赣州市，赣州本身拥有丰富的旅游资源，而市场方面，一方面是珠三角市场的外溢，另一方面是赣深高铁将在 2021 年年底建成，珠三角市场也将对接赣州，在高铁正式通车后，赣州作为区域旅游投资的预热之地的价值就已经凸显出来，2017 年、2018 年押注赣州的文旅项目已经陆续布局，2019 年则是大举进入的一年。类似的情况还有不少。例如，长三角的黄山周边，随着黄山景观价值的进一步提升，长三角市场的进一步拓展，未来它的休闲、康养价值还会提升，2019 年对黄山周边的投资仍有较大的回报。例如，北京的郊区延庆区，2019 年北京世界园艺博览会以及 2022 年冬奥会（分会场）将会陆续在延庆举办，北京城市人口的休闲外扩脚步沉稳，在延庆基础设施大建设的同时，作为北京环城游憩带的区域热点价值也在显现，2019 年将会吸引更多的资本布局落地。同样地在其他大都市区的周边，只要大都市区依然在扩张，就仍有其他类似的区域热点出现。这些区域热点往往能够带来区域性的投资热潮，能够收获较为合理的投资回报。

而在整个国家层面，经历了 2017 年、2018 年的西南旅游崛起尤其是贵州旅游大热门后，再一次进入眼中的就是西北旅游尤其是新疆旅游，2018 年以来能够明显地感受到西北旅游的火热，从张掖的七彩丹霞到青海的茶卡盐湖，一个个新的景区崛起成为旅游大热门，茶卡盐湖的年客流量 2015 年接待游客 130 万人次，2016 年达到 190 万人次，2017 年突破 270 万人次，2018 年预计在 300 万人次以上，这都足以说明西北旅游的火热。而未来三年火热的西北旅游的热点就在新疆，新疆的夏季旅游一直较为火爆，2018 年以来，夏、秋、冬季的旅游人数都创出了新高，景区、住宿、旅游交通等各种旅游业态都在

2018 年取得了非常好的回报，可以预计的是 2019 年这种热潮还将继续，会有更多的游客持续涌入西北、涌入新疆。

目前的西北地区仍然处于旅游地发展的初级阶段，西北地区尤其是新疆，并不乏世界级的旅游资源，但缺乏良好的旅游基础设施以及综合的旅游营销推广，亟待提升的旅游服务与统合发展的旅游运营。就目前阶段而言，西北旅游投资还处于掌控资源的阶段，大型文旅集团与旅游投资商面对的是一片广袤的新兴的旅游地，只要能够有效地控制旅游资源，就能在即将到来的旅游热潮中占得主动。而西北尤其是新疆本地的旅游资源所有者则即将迎来的也是一场估值的盛宴，如果已经提前介入，可以在 2019 年静静地等待，让景区估值“飞一段”。风起西北，掌控资源才是 2019 年的关键。

## 九、趋势九：抓住趋势布局仍有意义，前期精细化探索可以介入

虽然总体经济形势严峻，但中国经济仍在总体向前，党的十九大提出当前的主要矛盾是“人民日益增长的美好生活需要和不平衡不充分的发展之间的矛盾”这一判断极具前瞻性，就像当前这一波亲子乐园中已经拔得头筹的企业，就是准确地把握住了 2013 年以来的放开二胎的政策，追随了这一波二胎潮中成长的儿童需求，以及亲子市场消费升级潮流。因此把握趋势，提前布局，即使是在经济相对不景气的时期也是非常有意义的。

有哪些明显的消费趋势？下面列举三个。

第一个是新生代消费趋势。

根据 2018 年的统计，“90 后”人群数 1.74 亿，“00 后”人群数 1.47 亿，新生代人群共同撑起超 3 亿的大市场。这是一块商业必争的阵地，其中互联网企业最敏感，因此它们对新生代的研究最为透彻，引导消费最为彻底，娱乐、动漫、美妆、旅游、美食……这些主题已经被互联网企业用到极致，而借助互联网企业迭代，2018 年旅游行业也有部分企业顺利地抓住了一波潮流，那就是网红景区及网红项目，阿里飞猪抓住了新生代海外自由行的热潮，在

“双十一”实现了销售大增长，2019年新生代的消费会转向何方，旅游企业还需要贴近新生代的需求动向，并及时跟进、调整、适应。

第二个明显的趋势就是老龄化消费趋势。

2016年我国65岁以上年龄的老人总数1.5亿，占总人口的比例为10.8%，至2020年，我国65岁以上人口数将达到2.5亿，因此老龄化的趋势在中国是非常显著的，但直至目前，中国仍然以家庭养老为主体的方式在维系运转，中国老龄化趋势对于社会养老的需求巨大，对这个领域的探索在近年来正在增速，但是供给缺口依旧巨大，模式探索仍在进行。与养老相关的旅游休闲，至今还停留在比较初级的观光购物，或者地产机构趁机推出的养老地产项目，真正集养老、保健、休闲、医疗等为一体，适合中国老年人的老龄化休闲旅游消费项目，还有待进一步探索，未来这一块必定是蓝海，现在就可以进行提前布局。

第三个是健康体育消费趋势。

经济发展水平越高，人们对于自身的健康就越重视，对于能够提升健康的康养、医疗、保健、运动、休闲方面就越愿意投入更多的精力与资金，对标发达国家，我国在这些方面的市场占比还很小，相关项目、产品、配套设施都还很少，人才也很缺乏，还有很大的提升空间。健康体育休闲的盘子很大，如何发展好体育休闲，如何布局与收获需要探索。

当然，还有很多明确的趋势在呈现，也有大量的资本在这些趋势中追进布局。但是即使趋势非常明显，踏中风口，也不一定会成功。需要前期的精细化探索，小资金布局，一点点积累行业经验，等风口到来，才能够扶摇直上，否则即使踏中趋势仍旧失败的企业也比比皆是。

前期精细化探索，尤其要注意运营探索，运营团队、运营模式的探索是重中之重，在前期探索中打好队伍基础，才能在后期腾飞；前期精细化探索也要注意资源端布局，对于趋势领域有决定性作用的关键资源、关键技术、关键人才，一定要及时布局谋篇。2019年是一个趋势布局年，对于明显的趋势，可以从资源端与运营端同时跟进，先轻资产进入，再等时机飞跃。

## 十、趋势十：把握市场、精准营销，跨界联合与抱团发展成主流

在资本寒冬时期，把握市场、精准营销、高效率资金利用就成为旅游企业发展的必备技能，这对于区域发展也是适用的，对于企业而言跨界联合将成为主流，对于区域来说，整合资源，集中全力发展才是主流。

对于旅游企业而言，准备把握旅游市场，针对目标市场进行精准营销，就不得不实现跨界联合，如旅行社、景区、酒店与新媒体结合的营销推广就是势在必行的手段，旅游企业要积极发现市场属性的其他需求，勇敢地进行跨界尝试。例如旅行社，在现有客群的基础上，是否针对人群未来的需求进行有选择的跨界发展，比如跟摄影机构合作，推出摄影之旅；与养老机构合作，推出养老休闲旅游；与体育机构合作，推出体育旅游；景区在现有客群的基础上与新媒体合作，成就了2018年的诸多网红景区；与培训机构合作，衍生了亲子教育项目；与无人机企业、动漫群体等合作，产生了诸多小群体节事旅游……酒店行业也不甘落后，与互联网合作，产生了知乎亚朵酒店；与文化遗产合作，差一点就成就了长城之夜……

而在区域层面上，全域旅游带来的是以市、县为基础，地方政府主动干预，区域资源整合、集中发展、一致对外，形成了一个个旅游强县（区）、旅游强市，2019年在寒冬之下，这种趋势还会增强，毕竟对于大多数并不拥有世界级旅游资源的市县来说，区域热则景区热，区域寒则景区凉。类似河南栾川、湖北恩施、浙江湖州……这样的旅游强县（区）、旅游强市，在政府主导下，全市县（区）一条心，统一行动听指挥，集体出击，共同开拓，从而更具效率。2019年区域整体作战还将延续，使区域间的竞争更加惨烈。这种政府主导型的发展也并非万能药，过度的刺激往往透支发展潜力，以区域为主体的竞争，将更加考验操盘者对旅游的认识、把控与精准操作。

## 十一、趋势十一：文旅融合崛起，旅游文创迎来风口

2018年是文旅融合元年，2018年3月13日国务院机构改革方案提出，“将文化部、国家旅游局的职责整合，组建文化和旅游部，作为国务院组成部门。不再保留文化部、国家旅游局”。2018年8月15日，《文化和旅游部职能配置、内部机构和人员编制规定》（“三定方案”）出炉。截至12月14日，全国31个省（市）文化和旅游厅（委）挂牌全部完成，标志着在2019年到来之前，在政府层面文旅融合已经全面完成，而更深层次的文旅融合则在2019年开启探索。

文旅融合是未来必然的大趋势，因为从文化产业占比来看，中国2017年的文化产业占GDP的比重约为5%，这个数据在美国是20%。文化输出方面，中国的占比也是大大落后于国家经济排位，《2017—2022年中国文化创意市场发展前景预测及投资战略研究报告》指出，2017年全球文化创意产业的市场份额，美国占市场总额的43%，欧洲占市场总额的34%，亚洲、南太平洋国家占市场总额的19%（其中日本占10%和韩国占5%），中国和其他国家及地区仅占市场总额的4%。这个差距如此巨大，说明我国的文化产业发展潜力巨大，同时也为文化产业融合旅游发展提供了可能，因为旅游是我国文化输出最稳定的渠道之一。另外，旅游经过40余年的发展，也已经走到了“瓶颈”，那就是没有强有力的IP体系，知识产权实力不足，没有全世界的广泛认知IP，使中国的文化旅游很难走向世界。文化和旅游的融合为文化产业找到了很好的推广渠道与消费市场，为旅游产业找到了内容生产的源头，未来在文旅产业链条上，前端打通了内容生产，中后端有文化企业、旅游企业进行产业布局与衍生产品生产，形成良好的闭环，这是一个风口所向。

2019年的文旅融合，将从最基本的景区文化产品与文化推广开启，故宫文化在岁末很好地为文旅发展上了一课，在景区文化挖掘、文化与市场对接、文化产品设计、文化社群营造等方面都做出了非常有益的探索，未来这一块的市场还很大，文化行业与旅游行业的人们需要联手来开拓市场了。文化项目的活化、IP的创造与传承将成为2019年文旅融合的重要领域。

## 十二、趋势十二：资源为王向运营为王转变，未来 3 年仍是流量为王

在旅游发展的初级阶段，必然是资源为王的，谁占有了优秀的旅游资源，拥有一定的交通条件就能够利用门票收入超过绝大多数的景区，这一点在凤凰、香格里拉、黄山、泰山等一大批中国知名景区都可以看到，甚至在 2016 年前的贵州也是如此，掌控资源是旅游发展初级阶段最重要的手段。但是优质的资源总是有限的，在旅游发展热潮中，资源导向逐渐转向市场导向，虽然资源一般，但是靠近市场，或者贴近市场需求的景区，通过拼运营也可以迎头赶上。一些老景区，在运营上一旦懈怠也容易被赶超，如广东四大名山、深圳五湖四海，这些当年占尽资源之利的景区，最终大部分也衰落了。谁的运营更高一筹，谁就更适应未来，运营为王是景区未来发展的必然方向。而旅行社、酒店、旅游交通早就进入了运营为王的阶段，运营定生死。

未来旅游行业寒冬已至，拼运营将成为各家企业不得不面对的选择。运营有不同层次，现在，仍然是运营的初级阶段，那就是流量为王，尤其是通过运营获得人流量。2019 年仍然是流量为王的阶段。因为全国人民的消费层次还没有达到较高水平，从 2017 年的统计数据来看，人均旅游消费为 1080 元，其中旅游交通、旅游住宿、旅游门票、旅游餐饮、旅游购物等旅游消费进行分配后，可以发现每一笔可用于支出的资金都捉襟见肘，这也是区域旅游营销，例如，免高速费、免门票费等极大地刺激了旅游者前往当地的重要原因。在这种背景下，流量是潮流、流量是基础，有流量至少能够保证基本的门票收入、住宿收入、旅游交通收入，在流量保障的基础上才能筛选出中高级的消费人群。因此 2019 年旅游企业仍然是得流量者方能挺过去，一旦流量这个基础没有了，就像丽江古城的游客量下降，带来的直接后果就是古城业态的凋敝，高层次的旅游需求也难以筛选出来，雪山艺术小镇一类的项目破产也在情理之中。

不论是掌握线上渠道，还是线下渠道，抑或社群营造，或者是关系营销，无论是哪种方式获得的流量，企业都应当珍惜，并且尽可能地拓展流量渠道，

使流量不被某一种方式所局限。拥有足够的流量，才能在流量的基础上，用运营思维去进行流量的二次转化。例如，在景区中，拥有足够的流量，首先展现在门票上，然后可以通过景区交通、景区餐饮、景区收费项目、景区住宿、景区购物等多种方式实现二消，有流量就有可能，有流量就有传播，有流量就有影响，深度的运营一定是建立在一定流量的基础上的，2019 年及未来 2~3 年内这一个大趋势是不会变化的。

**小结**

未来，市场在变化，旅游业在转型升级，产品在迭代，冒进投资会被惩罚，精耕细作会积累效应。这既不是最好的时代，也不是最坏的时代，是我们文旅人努力的时代，为行业健康、有序、精致、舒适而努力，也为行业经济发展而努力。

# 第二篇

# 热点旅游省份分析

2

# 第七章　贵州（一）：旅游版图在崛起

（本章完成于2015年，贵州旅游开始腾飞之际，对它的分析目前仍对旅游板块轮换及地区旅游发展有着借鉴作用。）

本章将从旅游交通区位方面来剖析，贵州当下如火如荼的旅游发展形势是如何诞生的。本章分为三个部分，区位及旅游交通区位是什么？旅游交通区位有何作用？旅游交通区位变化何以解释目前的贵州旅游发展？

区位是一个地理名词，指的是地理空间上一个事物相对于其他事物的空间上的相对位置关系，以及它们之间的空间联系。因此，区位包含了两个基本的要素：一是空间上客观的位置；二是客观位置之间的联系。联系的事物不同，那么相应的区位类型就不同，如果是经济联系，那么就是经济区位。在传统地理学中，研究得比较多的有农业区位、工业区位、市场区位等，而研究这些区位之间关系及规律的理论就是区位论。

旅游交通区位是指在地理空间上客观存在的旅游地理事物之间通过交通而形成的空间联系。旅游交通区位在旅游规划与开发中之所以重要体现在以下三个方面。

第一，它直接决定了旅游者的时间距离。所谓时间距离，是旅游者对他从旅游客源地到达旅游目的地所花时间的感知。政治、制度、地形、交通、气候、汇率、风俗等诸多因素都会影响到旅游时间距离。其中，交通的影响最大。旅游交通区位的不同，让旅游市场与旅游目的地之间的时间距离产生巨大的差异。

第二，它改变了旅游市场半径。根据交通时长划分的旅游市场半径比客观地理空间的旅游市场半径更具操作性。这也是许多新兴交通方式出现后带来的旅游市场变化的直接原因。

第三，它间接决定了旅游投资。旅游交通区位的改变能够改变旅游目的地的投资环境，吸引相应的旅游资本的聚集，从而为旅游目的地带来实质性的改变。

贵州的旅游大发展，就是旅游交通区位改变带来的巨大变化。

贵州是全国少有的没有平原支撑的省份，素有“八山一水一分田”之说。正因为以山地为主，贵州的交通状况一直较为落后。传统的贵州旅游交通主要分为三大类：航空、公路、铁路，但是长期以来贵州三大交通都比较弱势。

航空方面，在2009年以前贵州的主要机场是贵阳的龙洞堡机场与遵义的新舟机场，其中贵阳的龙洞堡机场是全省枢纽机场，新舟机场为支线机场，航线也主要聚焦国内航线。航空能够极大地缩减地理距离，作为枢纽机场所在地的贵阳成为国内游客的集散地，而贵州其他城市则因为交通不便享受不到此等便利，因此很长一段时间只有贵阳与遵义能够支撑贵州旅游业。

公路方面，贵州的多山地理条件决定了其公路修建成本高，在很长一段时间内盘山公路成为贵州公路的标配，但盘山公路的实际距离可能比地理空间上的直线距离要远1倍以上，也就是常说的“望山跑死马”，其直接的后果便是航空带来的客流，仅贵阳及遵义城市周边区域勉强可达，贵州其他城市的可达性极差，旅游疏散差。

铁路方面，在高铁时代到来前，贵州作为西南城市，也拥有与东部相连的铁路线，但耗时长、承运环境差，使得东部市场愿意进入贵州却又不愿意选择此类交通方式。

总体而言，2009年前三大旅游交通中显示出来的贵州旅游交通区位只有贵州、遵义因为其航空而与国内大城市联系较近，从而获得东部客流福利，其他城市因为旅游交通差，都处于“待字闺中”的状态。

2009年后，国家加大了对贵州基础设施的投入，尤其是交通方面的投入，这就为近年来贵州旅游的腾飞奠定了基础。

一是航空方面，更多的城市开始建设机场，除贵阳龙洞堡机场、遵义新舟机场外，目前已经通航的有铜仁、黎平、兴义、安顺、六盘水、毕节、荔波、黄平等地机场。德江、罗甸、都匀、盘州市、天柱等地都要建机场，“十三五”期间，建成仁怀、威宁机场，并启动罗甸、德江等机场的建设。届时，将形成“一枢十六支”的格局。通过航空，贵州各城市将直接与全国的各大城市紧密相连，在航空区位方面打破了原有格局，更具有进入性，更具有集散性。

二是公路方面，由于隧道技术和高架桥技术的日益成熟，贵州全省高速公路网建设明显得到提升，加上国家对贵州的大投入，2030 年，贵州省将建成 6 横 7 纵 8 联 4 环线高速公路网。目前，这些建设已初显成效，两方面的优势体现出来，一方面是内部集散更加顺畅，从而使贵州其他有着优质旅游资源的市县才是崭露出来，另一方面与省外的高速路网很好地连接，又带来了大量的自驾游游客。近年来，广东省赴贵州进行自驾游的游客大量增加就是体现。

三是高铁的建设与开通。高铁的建设与开通将最快地把贵州的城市与全国的大城市网络连接在一起，从而实现旅游交通区位的大转变。贵南、沪昆、渝黔等多条高铁线充分地实现了贵州各地城市与北上广深等地的联系。同时贵州内部城市的城际铁路又加强了内部的交通联系，进一步将游客从旅游集散地疏散出去。

**小结**

在旅游交通区位改变的情形下，贵州优质的旅游资源与东部发达地区的旅游交通区位得到了巨大的改善，东部地区的周末游旅游市场半径辐射至贵州，而通过高速公路、城际快速道等实现的内部交通疏散也给贵阳、遵义外的其他城市带来了巨大的机遇。旅游资本就沿着旅游交通的路径一步步进行拓展。这些合力下贵州的旅游版图开始崛起，而且未来随着旅游交通区位的进一步改变，贵州旅游会更加辉煌。

# 第八章　贵州（二）：旅游发展冷思考！

（本章完成于2017年年底，是在贵州旅游大发展的过程中的冷静思考。）

通过旅游交通区位的分析，得到由于旅游交通区位的巨大变革，贵州的旅游版图已经崛起的结论。这种崛起，很多理论把它归结为后发地区的一种后发优势，本章将重点探讨贵州具有的后发优势。在这种后发优势下，需要何种冷静地思考，以及未来贵州应制定何种有利于充分发挥后发优势的发展策略。

## 一、后发优势是什么？

后发优势（Late-mover advantage；Second-mover advantage），又称为次动优势、后动优势、先动劣势。它是美国经济史学家亚历山大·格申克龙（Alexander Gerchenkron，1904—1978）在总结德国、意大利等国的经济从相对落后国家追赶成为先进国家的先进经验的基础上，于1962年创立的理论。具体是指相对于行业的先进入企业，后进入者由于较晚进入行业而获得的较先动企业不具有的竞争优势，通过观察先动者的行动及效果来减少自身面临的不确定性而采取相应行动，获得更多的市场份额。例如，研发成本优势、行业风险把握优势等。

## 二、贵州的后发优势是什么？

回到主题，贵州旅游的后发优势主要是以下几个方面。

第一个后发优势是资源优势。习近平主席说："我们既要绿水青山，也要金山银山。宁要绿水青山，不要金山银山，而且绿水青山就是金山银山。"贵州的首要后发优势就是在改革开放三十多年的发展中，由于交通不便、经济滞后而保住的绿水青山、古寨古村、淳朴风情，这就是生态优势。这种优势在生态休闲意识觉醒的时代背景下显得尤为珍贵。旅游业正是将这一后发优势释放的重要行业。

第二个后发优势是人口红利。在全国人口红利削减的背景下，贵州因为城镇化启动比较晚的缘故，在贵州经济持续发展的情况下，未来更多的农村人口将进入城镇体系，本地人口红利还将继续释放。而旅游业是一个劳动密集型服务行业，在发展过程中有足够的人口支持。

第三个后发优势是政策优势、补贴资助。在精准扶贫以及西部开发两个大背景下，贵州能够得到的国家政策支持、补贴资助的力度更胜往昔。这种力度空前的国家层面的大利好，是贵州的第三大后发优势。它将为贵州旅游的腾飞解决资金方面的后顾之忧。

第四个后发优势是追随国家政策的资本潮。地方的旅游发展离不开资本，以往贵州很难获得社会资本的青睐。但是随着生态文明建设新理念的落地，贵州的生态后发优势成为社会资本追逐的新大陆，未来一段时间内，将会有更多的社会资本伴随国家政策追逐而来。

第五个后发优势是理性而成熟的游客群体。经过改革开放三十多年的熏陶，国内旅游者已经走向理性而成熟，对于贵州未来发展旅游而言，这一批旅游者对生态、原真文化的认可远超之前，这是能与资源充分对接的一批旅游者。

## 三、后发优势背景下，贵州旅游需要冷静思考！

尽管有诸多的后发优势，但是贵州旅游短时间的突然崛起，还是需要冷静思考，以下四个方面的问题不可忽视。

第一，资本的破坏性，贵州是否有所准备？

事实上，在资本全面进入的情况下，贵州并没有完全做好准备。这样的结果是难以驾驭的资本或者热钱在区域内肆虐，可以看到的是大量同质化的项目、大量打着旅游开发的地产项目、大量短平快的风险项目在这一过程中不断增加。

这就很容易让资本对当地造成重大影响，尤其是一些居心不良的资本全面开花后，损公肥私、不择手段，反而最后会破坏青山绿水，让贵州得不偿失。

第二，观念落后与本地人才不足，贵州如何应对？

虽然贵州的人口不少，但人才却不足。长期滞后于全国的发展以及偏居一隅的发展，导致贵州旅游无论在发展理念还是在本地人才储备方面都严重不足，国家利好与外界资本的骤然降临，如何分辨机会与威胁，如何顾及眼前及长远成为一个亟须解决的问题，否则的话很容易为外界所趁，从而掉入发展的陷阱。

本地人才不足又加剧了理念不足的危机性。本地人才不足，外来人才稀少，或者只是本轮发展过程中的一轮游，使这种矛盾难以解决，长期的人才匮乏，必然带来后劲不足。

第三，缺乏持续的探索与试错时间，本地特色应如何确立、保持与发展？

特色的发展与保持往往需要一个长期的摸索与试错的过程，而疾风骤雨般的旅游崛起让贵州失去了慢慢摸索的时间，在大资本的迅猛冲击下，贵州本地特色如何确立、保持与发展，形成一个良性的过程，而不是资本主导下的中断与衰落，这是值得贵州思考的问题。如果没有了本地特色，贵州旅游未来还剩什么？

第四，外来的成功商业模式复制，是不是一个陷阱？

外来资本往往带着外来成功的旅游商业模式，它最大的特征就是短时间内可复制、可落地、可操作，在招商引资层面省心而省力。但唾手可得的东西在旅游中往往存在巨大的缺陷，那就是这种简单的复制往往会破坏贵州本地的原真性，带来“千镇一面、千街一面、千寨一面”的局面，而这种旅游商业感恰恰会引发旅游者的厌恶，成为旅游景区衰落的根源。目前，贵州的少数民族风情寨、古镇旅游已经呈现这种苗头了，珠三角自驾游客的厌倦开始呈现。

## 四、后发优势背景下，贵州旅游未来的发展策略分析

既要充分有效地利用后发优势，又要有效地规避可能的风险，未来贵州旅游的发展需要以下策略。

第一，省域统筹、市域联动、有序发展、留足空间。

在旅游迅速崛起、资金政策利好不断传来的情况下，处于发展初期的贵州旅游，应当从省域层面进行全面统筹发展，在市域层面积极联动，贯彻省内统筹。对于全省而言，目前的多点开花、全面建设的局面还需要统筹清理，哪些是需要先发展的，哪些是可以延后发展的，需要考量。哪些是优秀资本与模式，哪些是投资资本与不良机会，需要甄别。这样才能在开发大潮中把握总纲，实时调整、调度与管控。同时要注意资源开发需要有发展时序，先与后、快与慢，对于旅游节奏的把握也非常重要。最后一定要留足发展的空间，不要一次性将优质资源全部进行开发，有储备资源未来的发展才有后手。要吸取东部地区旅游发展的教训，东部地区像发展工业一样，一窝蜂上旅游项目，结果导致“摊大饼式”“遍地开花式”的低效利用与开发，最终破坏人文资源与自然景观，无可挽回。

第二，积极推动“本地资源、人力＋外来资本”的模式，把握主导、实现双赢。

对于外来资本的大规模地进入，不应该放任自流，而应该采取“本地资

源、人力+外来资本”的发展模式，以本地优质的资源及良好的人力资本、加上政策支持入股，本地应该拥有较大话语权，让旅游的发展能够使本地获得足够的利益，让本地人的生活质量能够得到较大提高，从而实现“资为我用、共同发展”旅游的双赢的境界。

第三，启动省－市－县三级旅游培训体系，补足短板，迎头赶上。

针对观念发展落地后及旅游专业人才缺乏的短板，还是应该在全省层面总体布置，构建“省－市－县”三级培训体系，由省一级层面筛选制定针对性的培训计划，继续转变的思路等，构建培训体系，引入东部优质旅游培训资源及课程，逐级下沉推进，促进观念转变，迅速培养急需人才，从而实现最快的与东部先进发展地观念、服务对接，实现从人口红利向人力优势的转变，补足这两方面的短板，迎头赶上。

第四，启动本地特色旅游支持培育体系，积极探索本地特色与外来资本的融合发展。

贵州旅游发展应当体现自身的特色，而这个基础要靠贵州特色旅游企业、贵州特色旅游模式与贵州特色旅游项目来支撑。从全省层面启动本地特色旅游支持培育体系至关重要，在资金上力度上、政策优惠上、流程简化上予以扶持，积极探讨以“本地旅游企业主导，外来资金支持”的融合发展模式，探索出能在本地立足并长远发展，最终能走出贵州，甚至走向世界的贵州特色旅游企业、模式与产品。

**小结**

贵州旅游已经开始进入快速发展的通道，但是也存在资金冒进、后期难以持续的风险，这些只能在发展中加以消化，时刻注意前进的方向，防微杜渐，才能走好每一步。

# 第九章　贵州（三）：请做好旅游回落的准备！

（本章完成于 2019 年 3 月，对于贵州之后的新一轮旅游发展进行预测和建议。）

2016 年曾经撰文《旅游交通区位的改变：贵州旅游版图的崛起》，很好地预测了贵州旅游在 2017 年、2018 年的爆发，2018 年，贵州在西南三省（云南、广西、贵州）的旅游竞争演义中，由最弱一环，成为最强一极。

近期有不少文旅界的同行咨询接下来几年贵州旅游发展趋势，会不会依旧如前两年那样的持续爆发。

本章的观点是：贵州请做好旅游回落的准备！

要判断贵州旅游未来如何发展，就要分析贵州旅游为什么会崛起，然后再看这种崛起是否能够一直持续？

## 一、贵州旅游为什么会崛起？

在 2016 年的文章中就曾经探讨过贵州旅游为什么会崛起，当时所用的基本的观点如下。

### （一）旅游交通区位的改变

高铁、高速、航空的全面发展彻底改变了贵州原本的旅游交通区位，为其赢得了市场，根据最新的资料显示，从 2015 年开始贵州便抓住机遇大力布局基础设施，尤其是高铁、高速公路以及航空布局。

高铁方面，贵广高铁、沪昆高铁、渝贵铁路相继开通，帮助贵州打通了华南市场、华东市场和川渝市场。航空方面，截至 2017 年年底，贵州省建成并投入使用机场达 11 个，形成了“一枢十支”的机场布局，实现全省 9 个市州机场全覆盖，在华北市场、华东市场的开拓力度巨大，同时开通多条国际航线，打开了国内国际市场。

高铁和航空网络的建设，极大地缩短了三大客源市场与贵州之间的时间距离，为贵州赢得市场提供了便利，实现了贵州旅游“进得来、出得去”。而高速公路方面，2016年年底，贵州实现“县县通高速”，2017年开始推进《贵州省高速公路网规划（加密规划）》，力图建设通达全省 3A 级及以上旅游景区的高速公路网，当年开工 11 条高速公路。截至 2018 年 3 月，高速通车里程 5833 公里，省域高速综合密度全国第三。高速公路的建设大幅提升了贵州内部的通达性，解决了以往贵州旅游“难出贵阳 200 里”的尴尬局面，实现了贵州旅游“行得通、走得好”的旅游疏解体系。

### （二）政府营销及旅游优惠力度巨大

贵州省政府在旅游“一盘棋”上的营销力度非常大，首先就体现在旅游专项资金与旅游推广上。根据《贵州省 2017 年全省和省本级预算执行情况与 2018 年全省和省本级预算草案的报告》显示，2013 年以来省级累计投入高速公路建设资本金 99.91 亿元，安排铁路资本金 110.36 亿元，大力推进立体综合交通体系建设。累计安排省级旅游发展专项资金和 100 个重点旅游景区建设奖励资金 19.93 亿元，支持 100 个旅游景区和乡村旅游示范点公益性设施建设。

在旅游营销上，2016 年起贵州将省旅游发展专项资金额度提升为每年 4.2 亿元（其中 1 亿元用于省本级旅游形象品牌和宣传推广、2 亿元支持地方 100 个景区建设、3000 万元支持举办全省旅游发展大会、3000 万元支持举办国际山地旅游大会）。同时由贵州省委宣传部统筹每年投入广告费 1.73 亿元，在中央电视台投放旅游宣传广告，使得整个广告的覆盖面极大。另外，还有定点市场让利推广也在不断进行，如 2016 年 G20 杭州峰会期间，贵州省对浙江省市民进行避暑旅游优惠营销，让利将近 8000 万元。针对广东游客，凭高铁票就可以免除或抵扣部分景区的门票。

政府的营销力度巨大，资金配套密集，为贵州旅游的宣传带来了巨大的影响。政府的密集公关营销打造了贵州“山地公园省”这一具象化形象，这个形象对于一个省的定位来说，比起“江西风景独好”“七彩云南”“美在广西”之类的更具指向性。又叠加了加上贵州由于交通不便长期以来带来的“十万大山”的神秘感，使这一形象迅速被国内市场接受，赢得了大量“尝鲜”旅游者。

### （三）文旅企业投资大造势强

全省“文旅一盘棋”，政府层面主导推动，民间层面的互动吸引，其中旅游核心吸引物——景区执行主要的客源地优惠政策，例如很长一段时间内在针对华南市场，广州游客乘坐高铁至贵州，赴千户苗寨、百里杜鹃等景区能够凭高铁票免费，华南地区其他城市的游客也能够凭相关高铁票、高速收费单据等获得免费或半价的优惠。类似的举措在面向华东市场、华北市场推广时也有，甚至还包括住宿半价、购物打折等诸多优惠措施。贵州本地景区积极响应政府号召，并能够从政府那里得到补贴，从而提供旅游优惠与折扣，从下而上，传递了贵州旅游实惠的形象，为贵州旅游吸引了大批的旅游者。

大量的文旅企业也在布局和投资贵州，尤其是在 2015—2017 年，这些文旅企业投资体量巨大，诸如恒大、万达、华侨城、中青旅、绿地、保利……诸多地产或上市公司积极参与投资建设宣传贵州的文旅项目，利用企业的优势在自媒体、网络媒体和权威媒体端带来巨大的宣传效应，引爆了一波又一波的贵州旅游热潮。

企业引领的造势与营销热潮，叠加了政府的优惠与公关，叠加了贵州旅游交通、旅游基础服务设施的翻天覆地的变化，让游客重新认识了贵州旅游，带动了贵州旅游 2015—2018 年的大爆发。

### （四）隐形成本低廉造就“物有所值”

在贵州省各级各地政府加大攻关力度，坚持旅游优惠，旅游企业也不断配合使得旅游者能够得到真正的实惠。同时，2015 年之前的贵州还存在许多优势，使旅游的整体成本较低。第一就是贵州的劳动力成本低廉，在很长一段时间内，贵州人口多却没有相应的产业体系，经济落后，人民较为贫穷，使得贵州拥有大量的适龄劳动力，劳动力价格却非常便宜，比起已经有一定发展的云南、广西、湖南、江西，贵州的劳动力价格要更低。第二，贵州的资源丰富，产品价格低廉。包括农产品、矿业、砂石、木材、中药等价格非常便宜。第三，旅游资源开发成本低，能够有效地吸引外来资本。2015 年以前，贵州旅游开发的土地承包、土地流转、土地租赁等的成本都非常低，能够有效地吸引外来资本。劳动力及初级产品价格低廉，能够为旅游者带来非常好的实惠体验。加上政府的政策补助与交通基础设施提升，能够省出一笔“行”的部分费用，企业的让利及优惠能够降低旅游者在“游”的部分费用，而低廉的劳动力价格、产品价格、让利优惠又能降低旅游者在“食”“住”“游”“购”等环节的费用，能够让人觉得“值”。因此，在贵州旅游大发展过程中，“值”是游客的普遍感受。

### （五）竞争者的故步自封

贵州属于西南板块，它的主要市场就是华南市场，其主要竞争对手是云南、广西，这三个省份的旅游具有明显的相互替代性，谁抢到的华南市场份额多一些，就意味着另外两个省的份额少一些。而贵州旅游崛起的 2015 年前后，云南旅游正值大理火热，“彩云之南”是当时全国文艺青年的热衷之地，同时也带来了急速攀升的旅游负面新闻，却被掩盖在火热的旅游形势下，没有被云南所重视，直至 2017 年丽江打人事件震惊全国，其后的洱海环境治理又引爆了云南的环境危机，使云南旅游的热度逐步下降。广西旅游则一直不温不火，始终围绕着壮乡及山水展开，没有进行大举创新。西南三省的云南志得意满、广西不温不火，带给贵州弯道超车的机会。

趁着对手的不重视或故步自封，贵州整合了政府、社会、民间的一切力量，先华南后华东、华北，让旅游发展实现了大跨越。2015—2018年贵州接待游客人数分别为3.76亿人次、5.31亿人次、7.44亿人次、9.69亿人次，旅游总收入3512.82亿元、5027.54亿元、7116.81亿元、9471亿元，旅游收入占GDP的比重为33.45%、42.84%、52.56%、64%。2015年至2018年4年时间里，接待游客数量增长了近3倍，旅游总收入也增长了近3倍，旅游收入比重也跃居全省各行业之首，这四年也是贵州旅游腾飞的四年。

那么未来3~5年，贵州旅游的发展会如何呢？

笔者认为未来3~5年，贵州旅游的发展增速会有一定的停滞，甚至会有一定的回落。

## 二、贵州旅游增速为什么会回落？

要讨论贵州旅游为什么会停滞或回落的问题，首先要明确一个根本，西南三省，以及湖南、江西、福建等省的旅游市场根本盘在哪里？

华南市场！最核心的就是广东市场。

而广东市场经过改革开放这么多年的发展，其旅游需求增量是有限的，按照我国GDP增长与旅游增长的一般比例来说，GDP每增长7%，旅游增长在10%左右，广东2018年的经济增长维持在7%左右，广东旅游市场的增长也就在10%左右。而参与瓜分广东旅游市场蛋糕的却不少，除了广东本地之外，包括云南、贵州、广西、湖南、江西、福建、海南这些邻近省份都在翘首以盼，希望在这块大蛋糕中分得一杯羹，未来竞争加剧，必不可免，而在强竞争环境下，贵州旅游的劣势就会出现如下情况。

### （一）套路易学，创新难续

在贵州旅游成功引爆后，以政府牵头营销宣传、补贴交通住宿，景区让利等方式进行的旅游发展模式，很容易被模仿。目前来看，广西、云南、湖南、江西、福建等地已经紧随而至，旅游优惠举措纷纷出台。华南总体市场本没有巨大增长，在存量市场下，贵州的旅游营销套路难以创新，而其他各省都在跟进，这部分的分流明显，此现象在 2018 年就开始展露出来了。

以广西为例，就非常能够说明问题。2018 年 12 月以来，同属西南三省的广西首先展开省域大营销，推出《2018“山水暖你　壮乡等你—冬游广西”联合促销活动方案》，从 2018 年 12 月 1 日 0 时至 2019 年 1 月 31 日 24 时，北京、天津、河北、山西、内蒙古、辽宁、吉林、黑龙江、重庆、四川、陕西、甘肃、宁夏 13 个省（自治区、直辖市）将享受广西 A 级旅游景区门票 5 折优惠。同样在交通费上也有优惠，广西所有高速公路（含南宁机场路、桂林机场路）收费站将对车牌号为北京、天津、河北、山西、内蒙古、辽宁、吉林、黑龙江、重庆市、四川、陕西、甘肃、宁夏13个省（自治区、直辖市）的 7 座及 7 座以下小型客车实行减半收费。

而针对广东这一目标市场，广西的旅游营销力度尤其大，广东是广西的对口扶贫帮扶省，早在 2018 年 4 月“壮族三月三”期间，广西就推出了针对广东游客在广西33个贫困县景区旅游可凭本人有效身份证件（含居民身份证、有效临时身份证、户口本、居住证）享受景区门票减免优惠的优惠政策，以及所有国有独资的收费 A 级旅游景区首道门票按照挂牌价 5 折优惠等诸多优惠政策。

从 2019 年春节数据反馈可以看出，广西在 2019 年春节前后，确实吸引了大量旅游者前往，证明在复制贵州“政府促销，景区让利，补贴交通”策略后，这“三板斧”的套路再次在广西成功。

而云南、江西、湖南、福建等广东沿边省份也在积极地利用类似的手段吸引游客，之前就提到过西南三省的外来游客大多来自广东省，在市场没有大幅度增长的情况下，基本上一个省的份额增幅大一些，其他两省的份额就少一些。贵州在 2015—2018 年的份额增加了，广西、云南的份额就减少了些，现在两省及湖南、江西、福建等省的相同策略实施力度增加了，手段并未创新，谁的力度大，谁就更受益，分流就会产生，贵州增速就会放缓或停滞。

### （二）资源独特性差，难以形成持续吸引力

贵州虽然在2015—2018年凭借其独特的营销，在全国树立了旗帜鲜明的“山地公园省”的旅游形象，但是成也旗帜鲜明、败也旗帜鲜明，这面旗帜一旦被人熟悉后，就没有那么大的吸引力了。

笔者作为旅游从业者，走过祖国的山山水水，平心而论，西南三省的旅游资源差异性不大，而且贵州的旅游资源相对云南、广西还是较为单一，尤其是相对云南，差距较大，这就是当年云南旅游能够率先发展起来的原因。贵州旅游资源以山地景观为主，整体非常单一，景观的异质性也较差，再加上瑶寨风情与红色文化，仓促开发，对少数民族文化挖掘得不深入，导致“千寨一面”的现象也非常突出，从旅游后感受来说，其旅游资源比起云南要差，与广西也有差距。云南的热带风情、原生态民族特性、小乘佛教氛围、东南亚异域风情……广西的喀斯特地貌、边境风情、壮乡特质……这些都比贵州旅游资源更丰富，但它们的政府推动力度不够大，一旦政府层面的力度及促销到位，其资源独特性就能够成为持续引爆的基础。而贵州的多样性很缺失，从贵州旅游体验中很难感受到山地风情以外的特质，而“山地风情”又是贵州省内各地的特点，非常容易引起审美疲劳，一旦政府营销力度减小，资源单一的短板就将露出来，旅游的新奇性就会大打折扣，贵州旅游的吸引力将不可避免地下降。

### （三）成本增加，价格回归，贵州旅游不再“值”

2015—2018年贵州旅游持续火爆，不仅使旅游获得了良好的收益，也为贵州的其他方面带来了效应。但是随着时间的推移，贵州经济进一步发展，各方面的成本开始增加，之前提到过旅游发展的很多方面的低成本优势就不存在了。一是旅游发展带来了就业及工资的提高，这是正面的解读，而对于旅游业来说就是从业人员待遇提高，工资支出提高了。二是旅游业带来了土地价格的提升，对于旅游业来说就是旅游的进入成本提高了，低廉的租地、买地、买景区的时代一去不复返了，旅游开发成本大幅上升。三是资源、矿

物及农产品价格提高，对于旅游业而言，是饮食以及建造能源等成本提高了。四是旅游带来的商品价格季节性波动，商品价格会在旅游旺季大幅度提升，对于旅游业来说就是购物等成本提高了。这些对于贵州本地来说是价值回归了，但对于旅游业来说就是旅游开发、经营的成本提高了，体现在旅游中就是产品价格的提升，对于旅游者而言直观的感受就是涨价了，“不便宜”了，甚至贵州许多地方的旅游费用与云南、广西相比都比较高。

2018 年以来，贵州旅游由于成本上升给旅游者带来的“不便宜”感越来越强烈，这种感受未来将会极大地影响旅游者的抉择，当时吸引旅游者的主要噱头是“物超所值”，而“不便宜”之后，部分旅游者的弃选也在情理之中。

### （四）大型文旅企业的撤出明显，网络搜索在减弱

“春江水暖鸭先知”，一个市场是否有利可图，身在其中的领头企业是比较敏感的。在贵州旅游大发展的 2015—2018 年，可以看到从 2015 年开始各大地产背景的文旅企业，包括万科、绿地、保利、华侨城、恒大等纷纷进入贵州市场，从它们的年报可以看出，早期布局的，在 2016 年、2017 年都取得了非常好的回报，但是这些大型的文旅企业在贵州的拿地及布局越来越少，而已经立项的项目完成度越来越低，这其实是社会资本逐渐退出的非常明显的信号。从 2018 年以来，立项数百亿的文旅项目至今迟迟未见完工就是非常明显的例子，如恒大贵阳“童世界”。

与在贵州的旅游项目逐渐停顿相比，文旅企业在云南、广西、江西、湖南的增资布局趋势非常明显，例如，华侨城持续加大对云南文旅的投资，中青旅、恒大、保利等诸多文旅企业 2018 年以来将重点转向江西，布局 2020 高铁深赣线开通带来的广东游客外溢江西。这些现象也无不在显示着文旅企业层面在省区之间的调整，已经另作布局的态势。

这一点从搜索指数也可以得到佐证，在百度关键字搜索中可以看到在 2017 年 8 月“贵州旅游”搜索达到巅峰后，2018 年“贵州旅游”的搜索急速回落，甚至比 2016 年尚有不足，说明即使政府还在吆喝，但是企业带动自媒体的搜索已经大幅回落，同时对“贵州旅游”搜索的回落说明人们对贵州的

关注度在下降，根据网络搜索与实际旅游人数之间的联系，人们对贵州关注度的下降，必定会导致赴贵州旅游的人数减少（见图 9–1）。

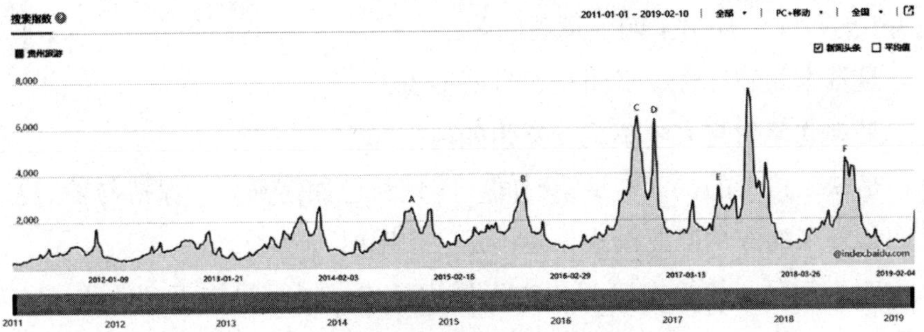


**图 9–1 “贵州旅游”历年的百度搜索指数**

## （五）新鲜劲头已过，旅游板块轮动正常来临

前一部分已提及，贵州旅游由于交通区位改变，且其定位“山地公园省”给旅游者带来了极大的新鲜感，让不少旅游者趋之若鹜，想要一探究竟。但是随着 2015—2018 年贵州旅游大发展，其旅游情况为外界所熟知，神秘感不再，伴随的新鲜感也随之失去，在这种情况下，旅游板块轮动就会正常降临。

旅游板块轮动是中国旅游的特有现象，就是在旅游目的地会出现 3~5 年的大发展，然后又会出现 3~5 年的停滞甚至倒退的现象，如目标市场同为广东的几个省份，2012—2015 年正好是广西旅游大热的时期，而在 2008—2012 年则是江西旅游大热的时期，在此之前是云南旅游大热的时期，旅游板块轮动在省份之间变化，反映出旅游者对于旅游目的地的熟悉程度上升后，反而会转向较不熟悉的旅游地，追“新鲜”成为旅游轮动的重要特征。

对应贵州旅游，也是如此，从百度搜索指数就可以看出贵州旅游这一波新鲜热潮到 2018 年开始退潮了，相应的旅游板块的轮动已经开始启动，未来 3~5 年，贵州旅游发展增速停滞或回落也是极可能发生的。

### （六）贵州旅游本身问题没有解决，需要时间修炼内功、提炼特色

2016年，博看文旅公众号在论述贵州旅游发展的《后发优势？贵州旅游冷思考！》一文中提出了四个发展问题：

一是资本的破坏性，贵州是否有所准备？

二是观念落后与人才不足，贵州如何应对？

三是缺乏持续的探索与试错时间，本地特色如何确立、保持与发展？

四是外来的成功商业模式，是不是一个陷阱？

这四个问题，恰恰在贵州旅游发展大潮中，还是没有得到解决，疯狂的资本涌入，造成“千寨一面”“千山一面”的开发；观念落后与人才不足，造成服务参差不齐；特色发掘不足，旅游产品与湖南、广西、云南雷同；直接搬用外来商业模式，形成旅游地产扩张与烂尾。这些问题没有解决，为后续的发展埋下雷，在关注热度下降后，就会开始爆雷。

### （七）举债发展，带来的旅游财务爆雷不断

贵州旅游的大跨度发展，依靠政府的高负债。2018年5月16日，财政部公布的统计数据显示，2017年贵州省政府负债8607.15亿元，居全国第四，前三位是偿债能力极强的江苏、广东、山东，贵州是偿债能力差，而政府负债最大的省份。在政府负债的同时，贵州还积极鼓励发展PPP等融资途径布局文旅项目，在资金收紧的2018年，无论是政府负债还是PPP等金融手段发展文旅，都开始爆雷，这些雷会在2019年爆得更猛烈。2019年1月25日晚，《焦点访谈》栏目报道了贵州省独山县下司镇“古韵布依·水上下司”项目融资多处违规、欠下大笔债务的问题。这就是一个旅游超高速发展中，地方政府多处举债，层层不严控债务，最终导致爆雷的例子。类似这样的例子，在贵州很可能还有，只是还隐藏在旅游暴涨之下，一旦开始退潮，就会显现出来。

### （八）口碑下降，带来的负面舆情累积

除了新鲜度下降会带来板块轮换之外，另一个会带来旅游减少的因素，

就是口碑下降。云南旅游自2016年以来为什么出现颓势？不是资源不好，而是口碑崩塌，尤其是丽江打人事件以及一系列云南旅游负面影响，导致旅游者逐步放弃云南，丽江旅游更是陷入停滞增长甚至投资撤离的尴尬局面。这就是口碑下降带来的结果。

那么贵州旅游的口碑如何？

贵州省在旅游舆情控制方面做得非常到位，网络负面新闻消除得非常迅速，旅游网站上的负面评论消失也特别快，即使是央视关于独山县的报道，在短短半个月左右，网络上已经消失得差不多了，但是网络舆情控制得好，并不代表“人设”没有崩塌，在撰写本文的半年中，笔者陆陆续续访问了广东的上百位到贵州旅游的朋友，得到的答复很多是“不去”，“短期内不会再去了”。为什么？因为“不值”，还因为坑蒙拐骗、强买强卖、服务恶劣、虚高购物……这些现象随着旅游的高速发展，也随之而来，与当年的云南没两样，只是目前舆情控制得好，并没有大的爆雷而已。

但旅游就是一场用脚投票的运动，当负面的舆情积累到一定程度，总有爆雷时间出现的，即使网络舆情控制得好，还有朋友圈，还有其他渠道，这个马蜂窝只要一捅就破，到时候呈现的问题应当会不少。而且即使不捅破，已经坏掉的“人设”再想修复很难。这类事情在云南上演过，未必不会在贵州上演。

**小结**

贵州旅游发展的套路被破解，并被竞争省份使用，自身的创新难以推进，内部的发展问题没有解决，新鲜感下降，旅游成本却在上升，负面舆情在累积，旅游板块轮动在即，未来3—5年贵州旅游再难保持如此快速增长的速度，很有可能将会使旅游发展增速停滞，甚至会有回落，所以请做好旅游增速回落的准备！

# 第十章　海南（一）：自贸区、自贸港旅游发展分析

2018年4月14日，中共中央、国务院发布《关于支持海南全面深化改革开放的指导意见》（中发〔2018〕12号），明确以现有自由贸易试验区试点内容为主体，结合海南特点，建设中国（海南）自由贸易试验区，实施范围为海南岛全岛。本章将重点对海南自贸区、自贸港的旅游发展方面进行分析。

国家将海南定位为国际旅游消费中心，实际上是对海南原有产业升级的期待。1988年，海南岛成为经济特区，在房地产热潮褪去之后，海南逐渐确立以热带农业与旅游业为主导的发展之路。2010年1月4日，国务院发布《关于推进海南国际旅游岛建设发展的若干意见》，并将国际旅游岛建设上升为国家战略。时隔八年之后，国家将海南重新定位为"国际旅游消费中心"，实际上是对原有的旅游产业的升级政策。

根据《2017年海南省国民经济和社会发展统计公报》显示，2017年海南全省地区生产总值4462.54亿元，按可比价格计算，比上年增长7.0%。GDP在全国各省市中排名第28位，处于后进，增速列全国第22位，如果放在东部的背景下，这些数字都比较尴尬。而在整体产业中，作为一贯核心发展的旅游业完成增加值347.74亿元，仅比上年增长10.0%，全年全省房地产业完成增加值437.54亿元，比上年增长20.1%，GDP拉动的大头不是主导产业而是靠房地产来完成的。接待国内外游客总人数6745.01万人次，比上年增长12.0%；其中接待旅游过夜人数5591.43万人次，增长12.3%。旅游总收入

811.99亿元，增长20.8%。三十年探索发展的旅游产业不如一朝入市的房地产，海南去年的成绩单是一份“大写的尴尬”，因此对旅游产业的升级就不得不实施。

第一，国家对海南旅游方面放宽了如下五方面的管制：（1）邮轮旅游发展方面的限制。放宽跨国邮轮旅游航线、加快邮轮码头建设。放宽游艇旅游管制。（2）海岛旅游开发。推进西沙旅游资源，稳步开发海岛。（3）放宽外资旅游经营范围。允许外资在海南试点设立在本省经营的演出经纪机构，允许外资在海南省内经批准的文化旅游产业集聚区设立演出场所经营单位。允许在海南注册的符合条件的中外合资旅行社从事除台湾地区以外的出境旅游业务。积极引进国内外高端酒店集团和著名酒店管理品牌。（4）放宽酒店卫星信号接收。允许旅游酒店经许可接收国家批准落地的境外电视频道。（5）放开竞猜型彩票。探索发展竞猜型体育彩票和大型国际赛事即开彩票。

其中海岛旅游的开发，能够使海岛的民用领域更加广泛，也有利于在整个南海地区形成邮轮旅游的基地。邮轮旅游与海岛开发相辅相成。放宽外资准入有利于外资更大力度地进入海南。而放开酒店卫星信号接收，则默许了海南在有限空间内的外国文化传播。最后是放开竞猜型彩票，在全国锁紧网络彩票的背景下，这也是很大力度的松绑。这五方面的力度最大，也为旅游投资圈了重点。

第二，国家还鼓励“+旅游”的发展：（1）鼓励“医疗+旅游”。全面落实完善博鳌乐城国际医疗旅游先行区政策，鼓励医疗新技术、新装备、新药品的研发应用，制定支持境外患者到先行区诊疗的便利化政策。（2）鼓励“文化+旅游”。推动文化和旅游融合发展，大力发展动漫游戏、网络文化、数字内容等新兴文化消费，促进传统文化消费升级。（3）鼓励“体育+旅游”。支持在海南建设国家体育训练南方基地和省级体育中心，鼓励发展沙滩运动、水上运动、赛马运动等项目，支持打造国家体育旅游示范区。指导海南进一步办好国际体育赛事，支持再引入一批国际一流赛事。（4）鼓励“互联网+消费（旅游）”。高标准布局建设具有国际影响力的大型消费商圈，完善“互联网+”消费生态体系，鼓励建设“智能店铺”“智慧商圈”，支持完善跨境消费服务功能。(5) 鼓励“会展 + 旅游”。支持海南举办国际商品博览会和国际电影节。

通过鼓励“产业 + 旅游”的发展，让其他各个行业为旅游发展提供更为广阔的空间，同时也鼓励其他行业积极探索与旅游业相结合，打破原有海南旅游的闭环式发展，为整个产业注入活力。

第三，其他方面的鼓励支持:(1) 空间、土地、资源等供给侧支持旅游升级。探索从空间规划、土地供给、资源利用等方面支持旅游项目建设。(2) 融资、重组角度支持旅游升级。鼓励海南旅游企业优化重组，支持符合条件的企业上市融资，促进旅游产业规模化、品牌化、网络化经营，形成一批具有国际竞争力的旅游集团。(3) 支持酒店业升级。推进经济型酒店连锁经营，鼓励发展各类生态、文化主题酒店和特色化、中小型家庭旅馆，积极引进国内外高端酒店集团和著名酒店管理品牌。(4) 支持整合资源、旅游形象升级。支持海南整合旅游营销资源，强化整体宣传营销，促进海南旅游形象提升。(5) 支持引进高质量资源。支持海南积极引进国际优质资本和智力资源，采用国际先进理念进行旅游资源保护和开发。(6) 支持旅游业走出国门、步入国际分工。支持海南积极参与国际旅游合作与分工，与国际组织和企业在引资引智、市场开发、教育培训、体育赛事等方面开展务实合作。加快建立与国际通行规则相衔接的旅游管理体制，推动更多企业开展国际标准化组织（ISO）质量和环境管理体系认证，提升企业管理水平。(7) 支持国际化、标准化、信息化。系统提升旅游设施和旅游要素的国际化、标准化、信息化水平。

第四，也在重要方面上了“紧箍咒”:(1) 旅游产业标准化、信息透明化。健全旅游服务的标准体系、监管体系、诚信体系、投诉体系，建立企业信誉等级评价、重大信息公告、消费投诉信息和违规记录公示制度。(2) 打击违法行为、维护消费者权益。严厉打击扰乱旅游市场秩序的违法违规行为，完善旅游纠纷调解机制，切实维护旅游者合法权益。

**结语**

未来随着海南自贸区、自贸港的发展，政策将会逐步落地，旅游作为其中的重要一环，将会发挥更加重要的作用，但对它的监管也需要加强，这样才能使它的旅游产业走上健康发展之路。

# 第十一章　海南（二）：旅游寒冬时期的分析

（本章写于 2019 年 11 月，海南旅游发展的最低潮时期。）

## 一、“十一”过后，旅游形势寒意逼人

每年的“十一”黄金周都是为海南旅游吹响旅游旺季到来的号角，“十一”黄金周的火爆与否，很大程度上预示着未来半年海南旅游旺季的火爆程度。但 2019 年的“十一”旅游数据出炉后，海南旅游界的同人却不会太开心。

2019 年“十一”黄金周刚过，海南省及全国其他省份的旅游统计数据出炉，就可以看到，海南的接待游客数为 378.92 万人次，同比增长仅为 7.66%，仅比北京、天津的增幅略高；旅游总人数，则只比青海略多，处于全国倒数第二；旅游总收入的同比增幅为 13.54%，在各省对比的榜单中，也是属于比较靠后的，在华南地区惨遭垫底。

但通过对海南旅游业者的访谈反映，与官方数据不同，业内数据反映海南的旅游业在 2019 年国庆期间比 2018 年国庆期间仍有下降。尤其是在酒店的入住率和景区的旅游人数这两组数据上，业内的数据是有明显下降的。而“十一”过后的这种寒意更加明显，海南的旅游并没有因为“十一”而被成功炒热，温暖的冬日与行业的冷淡形成了鲜明对比。

## 二、市场的选择，海南逐渐丧失夏季滨海旅游市场

20世纪90年代到21世纪初，在国内旅游市场还在为旅游人次的数据节节攀升而兴奋不已的时候，海南的旅游却已经早早地进入了国际竞争的节奏。

海南旅游是中国南方最重要的滨海旅游目的地，在各地滨海旅游还没有发展起来的时候，海南经济特区最早成为全国滨海旅游的目的地，海口、三亚成为全国闻名遐迩的滨海胜地。2010年国务院发布《国务院关于推进海南国际旅游岛建设发展的若干意见》将海南定位为能与世界其他滨海地区相竞争的国际旅游岛进行建设发展。

但是由于海南本土市场狭小，长期依赖于全国市场，从地域来看，海南由于地处祖国最南端，抵达海南需要付出较大的交通成本，海南的旅游市场主要分为五大版图：一是京津市场；二是长三角市场；三是广东市场；四是京津外的北方避寒市场；五是全国其他市场。

而海南在全国来说主要是两大块的旅游主题产品：一是滨海旅游；二是秋、冬、春季的避寒旅游。

在全国旅游蓬勃发展的背景下，率先被分利润的是滨海旅游这块蛋糕。随着国内滨海旅游的进一步发展，东部沿海岸线滨海旅游的发展，海南在国内滨海旅游中一枝独秀的地位被动摇，大连、威海、烟台、青岛、日照等地分润了北方市场，盐城、上海、杭州、宁波、福州、厦门分润了长三角市场，潮汕、惠州、珠海、江门、茂名、湛江、北海、贵港等分润了广东市场。因此在夏季旅游中，滨海旅游曾经是海南旅游的一张王牌，但是现在已经不得不与其他沿海城市陷入低价厮杀了。

而对于海南旅居市场来说，从2007年左右，北京开启了冬季御寒的旅居模式，首先目的地就是海南，这为海南旅游带来了第二增长曲线。在京津地区的带动下，北方的御寒市场被充分调动，海南成为冬季旅居的首选之地。这一趋势在京津严重雾霾的加成下，迅速成为潮流，2015年北京市的雾霾污染程度达到巅峰，这一年大量的北京人在冬季逃离北京，温暖美丽的海南成为他们的首选之地，造就了海南冬季旅游的接待巅峰，2016年年初，海南的

房价也在此助推下直接实现了翻番。根据海南省旅游发展委员会数据显示，2016 年 2 月 7 日至 13 日（春节期间），海南全省共接待游客 371.22 万人次，同比增长 19.15%，旅游收入 112.77 亿元，同比增长 19.55%，接待过夜游客 172.14 万人次，同比增长 5.14%，接待一日游游客 199.08 万人次，同比增长 34.66%。全省进港车辆 69936 辆，同比增长 33.78%。大批赴海南旅游车辆拥堵于跨海港口的图片至今让人印象深刻。

此后时过境迁，北方旅居市场已经发生了巨大的变化。

一是京津市场的恐慌已经得到释放，新的冬季市场已形成。2016 年以来，在党中央及国务院三令五申地督促下，京津地区的雾霾现象已经得到了有效的治理，北京冬季的雾霾大大得到缓解，蓝天白云的天数日益增加。同时随着冬奥会的临近，冬季运动在京津地区蔚然成风，冬季运动替代了原有的冬季南方旅居，成为新风尚。

二是长三角市场回流日韩，赴海南的动力减小。2013 年日本在钓鱼岛事件上的所作所为及 2016 年韩国部署萨德导弹系统的行为，引发了中国对日韩各方面的抵制活动，其中就包括旅游观光。2018 年以来，随着中国与日韩关系的日趋缓和，中国游客赴日韩旅游开始恢复正常，日韩旅游一直是长三角地区的热门选择，即使在冬季也不例外，这在很大程度上削减了长三角游客赴海南旅游的兴趣。

三是广东市场对海南旅游的热度持续下降。海南也曾是广东省的一部分，广东游客本应是海南旅游的关键市场，但随着广东及广西沿海城市的旅游开发，广东人冬季可以选择的城市日趋增多，而且各种类型应有尽有。如度假型酒店可以选择惠州沿海，从小径湾到双月湾，沿线的高端度假酒店不输于海南；主题旅游，可以选择番禺、珠海，长隆系列主题公园；海岛游可选江门、珠海；旅居可选湛江、北海、贵港……广东市场对海南旅游的热度在下降。另外，广东市场冬天对御寒兴趣不大，反而是北上选择冰雪旅游的可能性更大。

四是北方的御寒市场，受到海南房价的高涨影响，开始流向广东及广西沿海城市。北方的御寒市场，尤以东北为盛，在海南房地产市场成功翻倍、并被限购后，开始大规模地转向广西、广东沿海城市，诸如贵港、北海、湛江、茂名这样的城市开始受到青睐。

五是全国其他区域的市场，受到大市场的影响，观望多于参与海南旅游。

而在御寒市场方面，海南受到东南亚的价格冲击就非常大，详见下文的分析。

随着这五块市场版图发生变化，海南的滨海旅游与旅居市场都受到了严峻的挑战，也导致了海南旅游者增长减缓。

## 三、春节价格比较之下，海南休闲受到东南亚的全面挑战

上述是国内市场的变化，事实上随着海南 2016—2017 年的房地产价格再次疯涨，已经造成了海南整体的旅游成本上升，其直接的结果就是——与毗邻的东南亚相比，二者旺季平均价格悬殊已不大（但在 5—10 月，海南还是要便宜），但一到春节、“五一”“十一”，二者间的差距就非常大，海南的价格远高于东南亚地区，春节的价格尤为高昂，海南也带给全国人民高价低质的形象。

拿一个平时的时间，比较一下，以越南岘港与海南三亚的旅游成本为例，同样都是选择北京出发，可以看到去哪儿网上，非红眼航班的机票价格如下：

2019 年 11 月 4 日　北京飞往海南三亚　经济舱价格为 1100~1200 元 / 人

2019 年 11 月 4 日　海南三亚飞往北京　经济舱价格为 250~260 元 / 人

2019 年 11 月 4 日　中国北京飞往越南岘港　经济舱价格为 1000~1300 元 / 人

2019 年 11 月 4 日　越南岘港飞往中国北京　经济舱价格为 1100~1200 元 / 人

往返机票价格比较，北京往返海南，飞行总花费约为 1500 元（含机场建设费），而北京往返越南岘港的飞行总花费约为 2300 元（含机场建设费），北京往返越南岘港人均略贵 800 元。

而住宿呢，在去哪儿网上三亚铂尔曼酒店豪华房不含早为 766 元，而越

南岘港铂尔曼酒店豪华房不含早价格为1017元，岘港的铂尔曼酒店略贵，差价在200元左右。

2019年11月4日　三亚铂尔曼酒店价格　847元/晚

2019年11月4日　越南岘港铂尔曼酒店价格　1017元/晚

住宿和交通是越南旅游的消费主体，从平时的消费可以看出北京往返越南岘港与北京往返与住宿的差价已经没那么大，而且去越南旅游如果不住高级酒店，可以选择的特色民宿的价格就非常低了。再加上人民币在越南的购买力，与其他消费方面的综合，在11月至次年3月，去一趟越南岘港与去一趟海南三亚的花费，相差不多，有时甚至可以打平，如果居住时间久一些，越南岘港的花费可能还更低一些。

其他东南亚国家也是如此，综合比较下来，赴东南亚的旅游花费与去海南旅游的花费差不多，甚至还可能更低一些。但是东南亚旅游更具异国风情，能看到、玩到、吃到、体验到许多海南所没有的东西，而且在海南很多地方的旅游营造，也是所谓的东南亚风情，用假李逵和真李逵PK的结果，大家还是会选择亲自去东南亚的。

而海南旅游更过分的是春节价格，可以说一节毁全年形象。还是从去哪儿网上比较一下春节（1月23日去，1月28日返回），比较一下北京往返三亚和北京往返越南岘港的机票及住宿价格。

2020年1月23日　北京飞往三亚　经济舱价格为3050元/人起

2020年1月23日　三亚飞往北京　经济舱价格为3050元/人起

2020年1月23日　中国北京飞往越南岘港　经济舱价格为2500~2700元/人

2020年1月23日　越南岘港飞往中国北京　经济舱价格为2650~2670元/人

排除红眼航班，春节期间北京往返三亚的飞行费用单人需花费6300元左右（含机场建设费），春节期间北京往返越南岘港的飞行费用单人需花费5500元左右（含机场建设费），可以看到，北京往返越南岘港的花费已经低于往返三亚的价格了。

而住宿的差别更加明显：

2020 年 1 月 23 日三亚铂尔曼酒店价格　5566 元 / 晚

2020 年 1 月 23 日越南岘港铂尔曼酒店价格　1142 元 / 晚

同一家国际连锁的高级酒店，海南三亚的价格几乎是越南岘港的 5 倍，服务几乎无差别。春节期间个人往返北京和目的地，在选择住 7 天铂尔曼酒店的综合花费来看，海南三亚的花费在 41300 元左右，而越南岘港的总花费在 13500 元左右，海南三亚的价格相当于越南的 3 倍有余，游客的选择几乎不用考虑。

现实的预算中，人们可能会通过调低住宿档次来节省价格，但春节期间总体的花费必然是海南的总体价格竞争力比不上东南亚地区。

上面是以北京作为例子，这个同样适用于全国其他市场，而广东市场则在春节有浓厚的出国氛围，海南的吸引力不大。

海南春节 7 天的价格狂飙，春节价格是冬季平时价格的 8 倍左右，是淡季价格的 10 倍左右，在全国人民普遍关注旅游的日子里，给全国人民带来了海南旅游价格高昂的印象，把海南平日价格以及旅游淡季，高级酒店平均价格在 400~500 元的价格水平成功地进行了掩盖，高价成为海南旅游的标签，这是非常遗憾的。

加上，海南近年来每逢春节旅游必有“作妖”，也有不少投诉，2016 年是进得去出不来的尴尬，以往年份是海南旅游屡屡宰客的传闻，可以说，一个春节带给海南的负面效应，远胜过春节给海南旅游带来的那一丁点儿旅游收益。

一个春节，就将海南旅游平时价格低于甚至远低于东南亚旅游的形象破灭，一个春节也将海南旅游在旅游服务上几十年探索的美好形象直接毁灭，可以说“春节毁全年”。

## 四、奇葩的定价与无措的探索

在写作本章的时候，笔者还发现，作为一个旅游目的地，海南有一个非常奇葩的现象：航空定价异常。

一般情况下，像海南这么远的旅游目的地，它的往返机票交通费用往往成为限制游客前往这些旅游目的地的非常重要的因素。作为旅游目的地，当地会想方设法通过低廉的交通将旅游者吸引过去，让旅游者发现去此地旅游非常便宜。例如，曾经一度是广东游客赴贵州旅游的高铁票价都是可以报销的。即使是现在，韩国游客去贵州旅游，其赴贵州的机票也能够有相应的补贴，反映在价格上就是前往旅游目的地的交通花费会比较便宜，而回程价格比较贵，或者至少是相当的。原因是回程由于人们已经在当地进行消费，人的消费一旦打开，就会对一定范围的消费金额免疫（这也是商场奶茶存在的价值，它是打开消费的第一步），而且往往会认为是因为居住地的机票价格比较昂贵而不会迁怒到旅游目的地。

但是在查阅各地赴海南的航空票价是非常反服务的，年前前往海南的机票价格，年后返回居住地的价格都非常昂贵，而年前返回的及年后抵达的低到甚至一折，摆明了就是为了宰旅居海南的人们一刀，房子都买了，旅居者冬季去不去海南？去？宰一把。航空公司，如斯定价，非常反社会，难道不是应该尽可能地先把游客送到海南岛上，然后就能提高返程的上座率吗？

但这个规定，肯定给游客内心带来了巨大的障碍，因为从制订旅游计划开始，海南的航空费就会带给游客价格高昂的第一印象，那如此的话，还不如选择飞去便宜的旅游目的地。

第二个情况就是，海南在房地产限购后，很难拿出后续的措施来进行旅游的推进。海南的房地产限购政策实施后，而旅游相关的优势及其他相关产业的推进也变得缓慢，海南的其他产业也就此打住。

这一点让人费解，其实不让做地产，并不代表不能做旅居相关的事宜，从之前的比较来看，海南的环境确实在全国首屈一指，能够吸引到大批的旅居游客，尤其是海南平时的价格还是非常有竞争力的，那么旅居一类的发展其实并不受房地产限购影响，这一块仍然能够去做。还有其他能够充分利用海南资源特征的，比如体育休闲、健康产业，这些都可以推进的，可惜，海南被房地产限购打蒙了，很少有世界级的产业凸显出来，其他产业也没有发展。

## 五、海南旅游业入冬，未来旅游回稳的态势却明显

虽然从“十一”的情况来看，海南旅游的状况还是寒意阵阵，但是真正入冬之后，尤其到2020年，海南旅游止颓回稳的趋势还是存在的。

### （一）海南的高端度假市场犹在

第一个可以从行业旅游数据来看，据酒店业内真实数据，2019年9月，海南省高端酒店的入住率下降仅为0.9%，可以说下跌的幅度非常小。另外也可以从复星旅游文化集团2019年的半年报看，平时定价在3000元以上，节假日定价在10000元以上的海南三亚亚特兰蒂斯酒店的入住率达到了62%，可以发现即使经济发展增速放缓，消费者对于海南的旅游酒店旅游服务还是非常认可的。这一点是海南旅游的未来优势。

中国的高净值人群在不断扩大，贝恩公司和招商银行联合发布的《2019中国私人财富报告》显示，2018年年末，中国的高净值人群（个人可投资资产1000万元以上）数量达到197万人，与2016年相比增加了约40万人。而如果把这个标准放在500万元，相关的人群将会更加庞大，对于他们来说，只要服务到位，类似海南的价格还是可以接受。他们一方面可能会因为手续麻烦而直接选择海南（签证麻烦，有些限制出国），另一方面只要服务突出，与东南亚的一点点价格差异也可以接受。未来这个群体还会随着国家经济的发展更加壮大，海南的高端旅游市场并没有受到太大冲击。

### （二）经过3年，海南的休闲度假价格已经到达底部

忽略春节期间的暴涨，从2016年至今，海南的休闲度假市场已经经历了3年惨淡，许多度假酒店的价格已经处于低价区域，淡季许多五星级价格长期徘徊在400~500元，景区的价格也都在下降，可以说与全国其他地区相比，海南旅游产品的价格优势已经非常明显，比起国内热门滨海旅游地，诸如珠海、厦门、上海这些城市，海南的滨海度假休闲的价格已经非常优惠了。

排除春节，就平时而言，海南往返机票价格、住宿价格与东南亚旅游之

间比较，海南旅游业还具备一定的优势。

如果是旅居型，加上国内稳定的治安环境以及安全、熟悉的社会环境，海南对人们在冬季的旅居吸引力也还长期存在。

这些都是海南三年多旅游持续下滑带来的价格优惠，旅游是一股流量，价优质高的地方，总会被眷顾到。

### （三）未来海南将有系列举措拉动提振旅游

2021 年是博鳌论坛成立 20 周年，相关活动及启动将会在 2020 年进行预热，相应的发展及投入也必将带动海南的进一步发展。

2020 年海南三亚将举办亚洲沙滩运动会，将体育与旅游充分结合，体育爱好者们将纷纷奔赴海南进行观赏。

2018 年亚特兰蒂斯酒店及主题公园、2020 年恒大海花岛将会盛大开业……这一系列高品质世界级的旅游项目将会进一步提高海南的旅游品质，有万达丹寨的例子在，相信旅游文化会复兴。一批有实力的文旅企业也将会不遗余力地营造声势，将全国旅游者往海南引导。

**结语**

海南的冬天快到了，温暖的阳光也未能驱散行业的冷淡，但冬天来了，春天还会远吗？

# 第十二章　海南（三）：全球视野下的发展

进入2020年以来，受到新冠疫情的影响，中国各省旅游业都吃紧，同时各地的旅游投资也陷入了停滞之中，而在一片哀鸿遍野中，海南的投融资却是捷报频传。从2019年以来大型旅游集团不断投资海南，中国旅游集团迁址海南、中国中免的免税综合体进驻海南三亚、凯撒旅业将总部从山西迁至海南三亚……

这些大手笔的投资让人不禁感慨，为什么如此多的大公司及大资金争先恐后地进入海南？6月1日，中共中央、国务院印发了《海南自由贸易港建设总体方案》，为这些举动给出了合理的解释——“春江水暖鸭先知”。

2018年4月11日，国务院通过《关于支持海南全面深化改革开放的指导意见》（后文简称《指导意见》），“赋予海南经济特区改革开放新使命，建设自由贸易试验区和中国特色自由贸易港”，海南成为中国唯一一个全岛覆盖的自由贸易试验区，以及继上海之后的全国第二个自由贸易港。2020年6月1日，中共中央、国务院印发了《海南自由贸易港建设总体方案》（后文简称《总体方案》），将《指导意见》的方向性内容，落实为实质性的内容，政策力度之大，对细节落实之精，前所未有。海南可以期待什么？未来我们可以期待什么？本章将为您加以解析。

## 一、拥抱世界，可控的自由贸易区

2018年5月以来的中美贸易战，让中国的出口贸易蒙受了巨大的损失，与经济损失相比，更为严峻的是制造业外移至东南亚、南亚等地，使得中国制造业在整个世界产业体系中的话语权降低。

中国追求贸易自由，努力融入世界的初衷不改，在一系列小规模的自贸片区的实践基础上，还需要一片足够大的沃土加以实践。所以如果能有一个地方，与大陆的距离足够近，面积足够大，无须太多的物理手段（诸如隔离墙）就可以实现“一线”、“二线”管理，同时又不存在意识形态的问题，这样的地方就能够承载中国大规模自由贸易的尝试与探索，同时探索不受意识形态影响的自由贸易，让政治的归于政治，经济的归于经济，这也能为全球自由贸易提供新样板——国别不同、民族不同、信仰不同、意识形态不同，但自由贸易可以无边界。

海南就是这样的地方，天生为自贸区而诞生。

第一，空间可控，它的地理优势，让自贸区节约了大量成本。

要实现完全的自由贸易，就需要构建自由贸易区内与区外的不同的规则，还需要在物理空间上让这些规则难以被轻易突破，比如自贸区向外的走私活动。海南是天然的海岛，与陆地隔开，而中国的海上力量足以支撑打击类似的突破规则的行为。

第二，区位可控，它的地理区位能够节约大量的人力、物力。

海南临近东南亚，又深处中国的最南端。大宗货物，尤其是从欧、非、澳、西亚海运而来的大宗货物，可以率先抵达海南，海运成本较全国其他地方都要低。而作为自由贸易的主体货物——生活消费品，它的受众是整个中国市场，在零关税的保障下，中国其他地方到达海南购物增加的交通成本与商品减免税获得的实惠相比，可能后者更多一些。所以在海南设立自由贸易区/港，能够节省大量的人力、物力。

第三，市场可控，顺应全国人民对美好生活的向往，将自由贸易的大蛋糕收入怀中。

从2013年开始，我国的旅游贸易开始出现逆差，时至今日，旅游贸易逆差日益增大。而在旅游贸易逆差中，旅游购物产生的逆差巨大，而向中国游客敞开“零关税”的日本、韩国、泰国、马来西亚……都赚得盆钵满归，甚至动荡前的中国香港也收益于大陆游客的“买买买”，让它的自贸商品大行其道。自贸区的背后是全国人民对于美好生活的向往，对于“零关税”的世界商品的渴望，这是一个巨大的市场，也是海南本次《总体方案》能够明确带给海南的优惠，集全国的对外需求放诸海南。

第四，机制可控，没有意识形态的影响，能够可控地探索自由贸易。

可控是一项事业能够成功的重要保证，我们的改革开放之所以能够成功，就是因为在可控的范围内进行的高效尝试。而一旦有太多不可控因素，就会使事业难以展开。海南自贸区、自由贸易港是在我们自己的国土上，在经历了改革开放四十年洗礼的海南经济特区进行的全面尝试，从体制上、意识形态上、人民觉悟上、经济基础上都是可控的，让贸易回归贸易、让商品回归商品，使得自由贸易回归它本身的含义，这种可控的探索是当前自由贸易能够顺利进行的重要保障。

第五，操作可控，作为全国自由贸易区、自由贸易港探索的集大成者，诸般尝试俱由心。

海南自由贸易区、自由贸易港并不是我国的自贸区 / 港的初步试水，在海南自由贸易区之前，在全国已经有诸多探索，有一系列自由贸易区的实践优秀成果，诸如珠海横琴自贸区的“一线关”“二线关”政策，上海自贸区的正面清单及负面清单等，这些成果现在都被海南自由贸易区、自由贸易港所吸收，成为海南自贸区可控操作科学实践的保证，在此基础上的海南自由贸易区、自由贸易港探索将更加收放自如。

## 二、砥砺前行，海南未来可期

### （一）未来可期，把目光放长到 10~20 年

不论是《指导意见》还是《总体方案》，国家政策所呈现出来的格局都是面向未来的，《指导意见》给出的四大定位——全面深化改革开放试验区、国家生态文明试验区、国际旅游消费中心、国家重大战略服务保障区。这些定

位在《总体方案》中开始一步步落实，“对标国际高水平经贸规则，打造成为引领中国新时代对外开放的鲜明旗帜和重要开放门户”。

从《总体方案》提出的2025年前封关建设的决定，可以看出海南的发展不在眼前的一亩三分地，而在乎长远。从20年后看待目前的海南，犹如现在回望20世纪60~70年代的美国的佛罗里达州，缺人、少地、物价高、房价高，尤其是缺少相应的产业，“而今迈步从头看”，当初的浮躁与不安，悸动与彷徨，唯有持续发展可以破解，因此，未来可期，需要把眼光放长远。

### （二）现实困难，仍需脚踏实地克服

海南目前来说还是有许多发展上的困难，需要脚踏实地一步步地克服。

**1. 产业人口，尤其是高精尖人才的不足需要慢慢解决**

按照海南高规格的定位，对照海南目前的发展现状，要发展相应的先进产业及高端服务业需要的高精尖人才并不是立马就能够配备齐全的，人才的缺口是一个长期的过程，需要海南长期地引入以及自己不断地培养才能够逐步解决。

另外，海南目前的养老度假人群较多，人口流动的季节性变化明显，本地稳定的消费人群还需要时间的积淀，让这些人慢慢地发展、成长起来。

**2. 基础设施的不足、基本功能的提升，需要时间解决**

虽然海南特区已经成立30余年，但它的基础设施一直较为薄弱，高铁、地铁、高速、环岛路等交通方面的建设都有不足，其他城市的基础设施、旅游基础设施也有着诸多不足，需要时间来一步步解决。

**3. 资源的不足、交通的不便，需要逐步解决**

海南一方面旅游资源丰富，另一方面却是其他资源不足，毕竟是海岛，水资源、土地资源、矿物资源、能源等各方面都较为稀缺。海南与大陆的连接目前以空运和水运为主，琼海跨海大桥至今还没有启动，许多缺乏的资源还需要从岛外补给，产业发展形成的稳定资源供应链尚未形成，未来需要一步步完善这些体系，弥补资源与交通的不足。

**4. 地价高悬不降，旅游成本居高不下**

2016年以来，海南的房地产陷入新一轮炒作，目前的地价是2015年的3倍以上，“房住不炒”的政策虽然抑制了房价的上涨势头，但是地价并未大幅下降，产业发展所需的土地价格一直在高位盘旋。上一轮的土地价格上涨极大地制约了这几年的项目开发，直接影响就是近期进入海南开发的项目成本居高不下，要消化海南前期房价带来的影响，还需要2~3年甚至更长一点的时间。

### （三）旅游的角色与地位

在《总体方案》中时刻可见旅游发展的描述，那么在国家对海南的通盘考虑与布局中，在整个的海南自贸区/港的建设过程中，旅游是怎样的一个角色?

**1. 旅游是先行者**

海南自贸区、自贸港的战略要实现自贸区的功能，有to B和to C两条路子，相对来说，直接面对C端消费者，利用消费者的口碑，进行地区的启动是最为迅捷的。依托海南现有的及未来的大量旅游者，将海南的自由贸易区、自由贸易港风采向外传递，进而带动to B端的大发展，这就是旅游能够带来的直接效应。因此，旅游是先行者，能够为海南自由贸易区、自由贸易港的发展提供最初的市场及消费群体，使海南自由贸易区、自由贸易港的发展有最初积蓄的动力。

**2. 旅游是引流器**

海南目前的常住人口仍然偏少，能够服务于高精尖技术及产业的人才仍然过少。但旅游是引流器，只有高精尖的人才觉得海南适合发展与创业，就会逐步沉淀下来，这个过程与美国的佛罗里达州的发展如出一辙，最开始度假及养老产业以体育为主，然后逐渐培育新产业，到现在美国的佛罗里达州不仅是全世界闻名的度假胜地，而且也是航空、卫生、生物产业等高新技术产业集聚地。海南未来的发展可以对标它，用旅游进行引流，然后培育新产业，最后实现产业的全面提升。

### 3. 旅游是加速器与协调器

在整个第三产业的发展进程中，旅游是加速器与协调器，在现代城市中宜居、宜业、宜游已经成为发展的目标。随着科技的发展，资本与信息都可以跨越空间的局限，未来产业发展将更加注重产业地的宜居、宜游方面的特性，具备优良的居住及旅游休闲功能的地区，能够赢得更多的产业发展机遇。美国的“新阳光地带”就是在这一背景下发展起来的。未来的海南就具备这样的特质，旅游休闲作为新产业的加速与调节器，对于吸引和留住新产业人才有着莫大的作用，因此要重视旅游休闲在海南产业发展中的作用，跳出旅游看旅游，从而让旅游发展取得更多的发展机会。

## 结语

继 2018 年《关于支持海南全面深化改革开放的指导意见》后，《海南自由贸易港建设总体方案》的出台，给予海南更大的政策优惠，打消了人们对于海南发展的顾虑，也为海南全岛成为“全面深化改革开放试验区、国家生态文明试验区、国际旅游消费中心、国家重大战略服务保障区”迈出了坚实的一步，未来的海南发展必将更为璀璨。然而我们也需要看到目前发展的现实困难与不足，砥砺前行，着眼于未来 10~20 年，脚踏实地、步步前行，为一个更美好的海南而努力。

# 第十三章　河南（一）：为什么之前难以出旅游爆款？

何谓旅游爆款？就是短时间内能够得到全国人民甚至全世界人民认可，且热度能长时间持续不减的景区或是城市。在中国各省中旅游爆款不断出现的，例如云南，20 世纪 80 年代到 20 世纪 90 年代出现了西双版纳、90 年代到 21 世纪初出现了昆明与大理，其后出现丽江，再之后是腾冲，不同的时期都有爆款旅游城市出现。旅游景区爆款不断的省份，例如浙江，20 世纪 80—90 年代的杭州西湖、太湖，之后是周庄、乌镇等江南水乡，其后又是浙东、千岛湖景区，新近爆火的莫干山景区，旅游爆款项目层出不穷。对于频出旅游爆款的省份，仿佛爆款接力不断，而对于某些省份来说，爆款就显得不那么亮眼了。

2018 年河南省接待国内外旅游者人数达到 7.86 亿，比 2017 年增长了 18.2%，实现旅游收入 8120.26 亿元，河南也进入了全国旅游十强，可以说河南旅游进入了大发展的时期。但回顾整个河南旅游，却有个尴尬的现象，那就是河南旅游难以出旅游爆品。爆款的旅游城市，之前有洛阳，但 2019 年在西安的对照下越发失色，而爆款的旅游景区，一直是嵩山少林寺，很少发生变化。

那么，旅游爆款是如何产生的？

为什么河南难出旅游爆款？

## 一、旅游爆款的产生机制

要谈论爆款的问题，首先要确定的就是谁造就了爆款？在旅游发展中，旅游市场和旅游资源地居于旅游的两端，从绝大多数案例来看，是主导市场造就了爆款。旅游爆款，是旅游市场品位变化的直接呈现，因此旅游市场的需求变化才是旅游爆款更迭的直接原因，而爆款之爆，则是因为主流传播的扩散。因此，要出现爆款，一是主导市场充分认可；二是主流传播的认可。

旅游市场分为本地旅游市场主导和外地旅游市场主导两种，一般情况下，本地旅游市场是基本盘，外地旅游市场是补充。但是在经济发展较为落后的地区，本地旅游市场孱弱，在经济未能达到一定水平的情况下，外地旅游市场，尤其是经济发达地区市场就成为当地的主导市场。这种情况在中西部普遍存在，例如，张家界这样的爆款，它最初的主导市场就不是湖南本地市场。

全国最优质的旅游市场分布在粤港澳、江浙沪和京津地区，这三个地区的旅游市场人口基数大、人均可支配收入高，愿意在旅游休闲方面投入，而且旅游品位与国际接轨。这三个旅游市场的辐射能力也非常强，对全国旅游市场的影响较大。根据《中国旅游消费大数据报告 2018》显示，2018 年旅游消费贡献最多的十个城市分别为上海、北京、广州、重庆、深圳、南京、郑州、苏州、杭州、长沙，可以看到绝大部分的城市都位于上述三个区域。仅次于这一区域的优质市场是川渝地区，这个地区同样人口基数巨大，人均可支配收入不及前三个区域，但这个市场有一个优点，那就是舍得消费，愿意为休闲埋单，这也使川渝本地市场较为强大，但是由于人均可支配收入较低，这个市场的辐射能力弱，更多是引爆本地市场。因此，川渝地区区域性爆款特别多，在对接三大市场并被认可后，也很容易转化为全国性爆款。

主流传播则包括传统媒体和新媒体两类，传统媒体，诸如广播、电视、报纸、杂志等都是经过政府部门审核的媒体，具有较强的权威性。而新媒体则是互联网兴起后的新型媒体，以主导的载体场景不同，目前主要分为 PC 端与智能手机端，未来还可能有更多的其他载体兴起，如车载、电梯屏幕、物联等，根据内容又可以分为网络媒体、社交媒体、视频媒体等诸多类型。传统媒体受到国家的严格管控，根据传播影响力度，一级传播中心就在北上广深等超一线城市，这些城市行政地位高，媒体资源强，而二级传播中心就位于各省会城市和副省级城市，而且根据经济实力不同还有三级传播中心甚至四级传播中心。即使是新媒体兴起后的一段时间也无法改变，直到智能端新媒体崛起，这一趋势才得以改善。智能端新媒体传播的特色就是去中心化以及交互传播，在人群密集、使用频繁的区域容易形成新的传播中心。因此新媒体的主流传播中心，依然是北上广深这类的超一线城市，但是一些人口集聚超千万的超级大城市也很容易成为传播中心，如成都、武汉、郑州、重庆、杭州等城市。

旅游爆款就是主导市场与主流传播媒体的共同作用，又有着以下几种情形：

情形一：主导市场所在城市本身就是一级传播中心，主导市场认可，主流媒体传播，旅游爆款即可形成。

前文已述，主导市场有两种情况，本地市场主导和外地市场主导，但只要主导市场本身就是一级传播中心，那么主导市场认可的同时，就会因为一级传播中心的影响力，实现全国推广，从而形成旅游爆款。

本地市场是主导市场，且为一级传播中心的，主要是粤港澳、江浙沪、京津地区，所以这些地区也确实非常容易诞生旅游爆款。例如，北京的古北水镇，在受到北京本地市场的认可后，凭借北京作为全国传播中心的实力，迅速地将古北水镇的咨询向全国扩散，短时间内形成了全国闻名的爆款项目。同样的案例还有拈花湾，在得到江浙沪市场认可之后，凭借这一区域的媒体传播发力，迅速成为全国性的旅游爆款。同样的故事也发生在深圳的东部华侨城上，凭借粤港澳地区的认可，以及粤港澳地区的强大的媒体扩散能力，东部华侨城成为当年的旅游爆款，珠海长隆也是如此路径。

本地市场非主导市场，也没有关系，只要主导市场是一级传播中心，获得主导市场的认可后同样很容易出现旅游爆款。例如云南的诸多旅游爆款。云南本地旅游市场狭小，它的主导市场并不是本地市场，而是广东、北京、江浙沪地区，因此，云南的爆款与这三个主导市场的变化息息相关。20 世纪 50 年代的电影《五朵金花》和八九十年代电视剧《孽债》带来了北京市场和上海市场对云南西双版纳的关注，从而开启了西双版纳在主流传播的极大热度，当时中国在热带地区的景区开发极其稀少，异质化的体验让北京、上海的公务旅游者非常满意，主导市场与主流传播被双双认可，自此成为旅游爆款。其后，云南大理的两次爆红之路，也是同样的路径。全国最好的三个主导市场，粤港澳、江浙沪、京津地区对云南大理的认可度高，借由他们带动全国的超一线城市传播中心认可程度高，造就了大理的旅游爆款。

情形二：主导市场非一级传播中心，但能够得到主导市场的认可，容易形成区域热门景区

主导市场不是一级传播中心的情况，无论主导市场是本地市场，还是外地市场，只要主导市场认可，都很容易在主导市场形成传播，从而形成区域热门景区。但由于主导市场不是主流传播中心，往往导致景区难以传播到一级传播中心。如果没有一定的因素推动，或者偶发事件，可能一时难以形成全国性的旅游爆款，但成为区域热门景区确实绰绰有余。

主导市场是本地市场，而且本地市场又有一定的规模，得到本地市场认可的景区，能够迅速地在本地形成口碑，然后获得大量的本地旅游者，它们是潜在的下一个全国性旅游爆款，但前提是能够得到主流传播的认可，并迅速扩散，超出本地市场的范围。其中最独特的就是川渝市场，它的经济水平略低，但消费水平却不低，随着成都、重庆的崛起，它的传播力也在上升，因此川渝地区涌现了一大批本地火爆的区域性热门景区，如果这些景区在特定的契机下引爆，就是下一个全国性旅游爆款。比如四川的四姑娘山，虽然它还没有成为全国性的旅游爆款，但是本地市场非常认可，未来可能随着传播扩散，成为四川下一个爆款旅游地。

区域性的热门景区，能否得到当地主导市场认可，能否得到一级传播中心的认可，还跟这个景区的理念、服务或资源特色是否能得到三大主导市场人群的认可息息相关。也有许多地方的旅游景区虽然本地市场火爆，但它并不是因为理念与服务超前，而是因为它是更有名的景区的低配版本，本地市场能够以较低的价格享受类似的景区服务从而火爆，就难以形成全国性的爆款。比如，广东长隆非常火爆，但是它的主题公园三大园区价格需要 400~500

元，广东地区有诸多低配版本的“小长隆”或者“对标长隆”景区，低配版本的景区设置，价格在100元上下，能够吸引到本地嫌长隆贵，又想要得到类似体验的人群。这种景区得到了本地市场的充分认可，但它的抄袭理念、等而次之的运作理念得不到超一线城市传播中心的认可，因此很难成为全国性的爆款。除非它们未来能探索走出自己的独特道路，并获得主流传播中心的认可。

主导市场是外地市场，但这个外地市场又不是主流传播中心的，也能够产生区域热门景区，但由于传播的主导权不在本地市场，而外地市场的品位又不一定是超一线城市传播中心的品位，因此这类型的景区具有天然的弱势，风格转换依靠外地主导市场，但想要冲破市场的桎梏，却又缺乏传播的力量，因此这一类景区只有通过区域政府整合力量，然后在市场吸引方面向外地的主导市场发力，舆论宣传向一线传播中心发力，才能从这种不利的局面中扭转出来。这一类型的景区往往也是近十年来才成长起来的，因为它依托的外地市场城市地位在迅速崛起，顺势让这类景区也开始成为热点。

例如，湖北的恩施大峡谷以及栾川的老君山。恩施大峡谷是湖北恩施土家族苗族自治州的一处景区，由于地处湘鄂渝交界处，且崇山峻岭交通不便，经济落后，本地旅游市场狭小，主要客流依赖重庆，以及宜昌、张家界的分润，而这三个市场除了重庆为一线城市之外，其他两个本身为三线四线城市，恩施大峡谷在重庆城市崛起的过程中受到关注，因其险、秀，所在区域较重庆凉爽，受到重庆市场的追捧，从而成为区域热门景区。但是恩施大峡谷的主导市场是川渝，并非超一线城市传播中心，在传播上有天然的劣势，恩施大峡谷要成为全国性旅游爆款，还缺乏超一线城市传播中心的认可。未来恩施能否成为全国性的爆款，还需要在紧抓川渝传播的同时，能够在超一级传播中心发力。栾川老君山也是如此，主要的市场是郑州等地，随着郑州等中部城市崛起而崛起，但郑州的传播效力较差，未来能否成为爆款，超出郑州而获得一级传播中心的认可非常关键。

情形三：一级传播中心认可，不论市场在哪里，都可能迅速形成风暴，容易造就网红景区改革开放以来，有不少的景区可能并不受本地市场青睐，也不受所在区域的主导市场青睐，或者本地市场及主导市场对此毫不在意，但是在偶然的机遇下，受到一级传播中心的青睐，并由此形成巨大的知名度，这种景区能够迅速成为网红景区。

例如，张家界、丽江古城、开平碉楼等就是这样形成的。尤其是张家界，之前由于意外获得央视曝光，然后连续在央视“出位”，成为全国流量的集聚地。丽江也是如此，丽江古城由于地震而被央视曝光，反而因此获得在全国“出镜”的机会，继而获得一级传播中心不遗余力地传播扩散，从而成为当年的热门景区。开平碉楼由于在《让子弹飞》等电影中的展露而得到一级传播中心的认可，并很快成功申请世界文化遗产，从籍籍无名一跃成为热门景区。新媒体崛起后，这样的事情就更多了，阿拉善越野 e 族主题园区、青海的茶卡盐湖、张掖的七彩丹霞等，都是北京这个一级传播中心的充分认可，使其他两个一级传播中心迅速跟进，从而成为网红景区，崛起非常迅速。

一级传播中心的认可，能够空降流量，能够短时间带来大量游客，形成充裕的现金流，形成网红景区。网红景区如果能够有效地利用热度，全面地提升，并得到三大主导市场（珠三角、江浙沪、京津）的认可，景区就会出圈，很大概率转变为全国性的爆款，甚至是世界性的爆款。例如，前文提到的张家界景区，在成为网红景区后，开始加强自身景区建设，利用更加优秀的项目及策划加以带动，积极开拓国内及海外市场，成为世界性的旅游爆款。目前随新媒体传播而诞生的这一批网红景区，如果能够利用好这一次的机遇，完善内功修养，加强景区项目提升，创造优质旅游体验，肯定能够从中诞生一批全国性甚至世界性的旅游爆款。但是如果网红景区不能在短时间内提升自己，美誉度、关注度就很可能下降，随后要么恶名缠身，要么逐渐沦为普通景区。

这方面的例子也有很多，例如，黑龙江的雪乡、云南的诺邓古村，前者是湖南卫视《爸爸去哪儿》栏目炒火后，引起超一线城市传播中心的接棒传播，迅速成为网红景区，但出名后景区的规范性与制度建设不力，导致美誉度下降，央视一再曝光，使负面新闻缠身；后者则是《舌尖上的中国》第一季炒火的，经过一段时间的火爆后，后续景区建设及运营没有跟上，古村仍处于无序发展状态，逐渐被游客抛弃，陷入发展困境。

由此可见，旅游爆款的诞生，有三种不同的情形：当主导市场就是超一线城市传播中心时，只要主导市场认可，强势传播跟进，会在短时间内形成全国性/世界性爆款；当主导市场不是一级传播中心时，只要主导市场认可，往往就会形成区域热门景区，但是想要成为全国性的爆款，就需要获得一级传播中心的认可才能出圈；当强势传播认可某一景区时，不管本地市场是否认可，都能够带来巨大的流量效应，能够短时间内成就网红景区，但它要成为全国性爆款，需要的是补缺、积累、提升，迅速获得新的主导市场的口碑认可。

## 二、河南为什么之前难以出旅游爆款？

言归正传，河南为什么之前难以出旅游爆款？

第一，主导旅游市场消费水平低导致低质低价竞争。

从主导市场来看，河南旅游的主导市场就是河南本地市场。河南的人口过亿，但是经济水平较低，因此，河南本地市场在很长一段时间内消费水平不高，直到现在河南本地旅游市场的消费水平也不算高，但是胜在量大。河南离三大主导市场中的京津、上海的距离，走高速都超过了8小时，高铁（加上去高铁站及等车的时间1小时以上）在3小时以上，在高铁和高速没有这么发达的时期，花费的时间更多，因此河南并不受京津、江浙沪市场的青睐，珠三角市场更是鞭长莫及。因此很长一段时间，河南的景区还必须依托河南本地市场，而河南本地市场的特征是什么？就是低价消费市场的特征，本地市场的人们会因为门票降价、高速免费、套票、住宿降价等因素而选择某地或某景区，低价竞争就是很长一段时间内河南旅游的特征。

河南的旅游消费欲望低、消费水平低，确实给旅游市场造成很大的困惑。这样就造成了一个尴尬的局面，因为主导市场为本地市场，本地市场又是低端低价市场，因此要迎合本地市场，就必须降低价格，降低价格就意味着很难上高品质、高价格的旅游产品。即使做出高级的旅游产品，也会被劣币驱逐的，因为会被本地市场认为“不值”。例如，上海人可以花2000元住一晚莫干山民宿，并觉得情调十足，而且这只是普通的消费，6000元以上的民宿也愿意尝试，并会由衷地觉得消费的民宿配得上自己的品位。但在河南市场，除了个别人为了炫耀住一晚，普通消费者如果花2000元住一晚民宿，大概心里会觉得“不值”的。所以河南的旅游产品做不起价格，高端旅游产品难以存活。低质低价的竞争最容易破坏市场，而创新项目以前所未有的速度被低质低价抄袭，让景区旅游项目，不求精品，但求拥有。没有类似产品会被淘汰，但是精品又因为价格不被市场接受，形成了河南旅游市场创新产品门类齐全，却缺乏精品的尴尬局面。例如，玻璃桥、玻璃滑道一类的创新项目，起源于河南，现在已经成为河南景区的标配，但是没有爆款，玻璃廊桥爆款反而出现在张家界，施工的正是河南的企业，这就是一个现实。而没有精品，又很难撬动京津、江浙沪、珠三角三大市场，难以出圈，难以得到三大主导市场的认可。

第二，运营上套路二消降低了美誉度，使难以引领传播。

河南旅游市场最难做，本地旅游市场消费低，想养活自己，必须迎合本地游客，迎合游客就必须低价，低价就很难出高品质的旅游产品，因为很难收回成本；而且光凭低价门票景区又难以存活，可能成本都难以收回，于是套路型二次消费就登场了，乍一看门票便宜，把游客吸引过来，但是索道、缆车、观光车……各类不得不进行的二次消费，又让游客产生被宰的感觉，可想而知最后把口碑玩坏了。由此而来的更多的是口碑的崩坏，本地市场的口碑崩坏，外地市场的口碑也难以如意。

即使是少林寺这样的著名景区，每年的负面新闻也是层出不穷。整体市场的口碑崩坏，让一级传播中心避之犹恐不及，很难形成全国性的传播风暴，这样就使河南的自上而下形成全国性网红景区的愿望落空。

第三，旅游创新型人才缺乏导致创新型产品缺失。

河南的旅游行政主导的痕迹非常明显，低质低价的竞争，让地方政府不得不协调景区抱团发展，甚至行政主导旅游发展，这样的结果是兴起了“焦作现象”“西峡经验”“栾川模式”等经典的地方旅游发展路径，但是与川渝、大湘西（张家界、铜仁、武隆、恩施）、江浙等地相比，不足的就是本地旅游人的个体创造性不足，在川渝、大湘西、江浙有一大批的富有创造力的旅游投资、开发、运营的民间力量，能够独立完成旅游产业链的全部环节，有一大批诸如叶文智、陈向宏等富有创造性的旅游大师，以及一大批的中坚力量，他们具有丰富的旅游创投运营经验，能够在政府与市场间游刃有余地进行操作，能够吸收世界上的优秀经验与本地结合形成创新项目。

在河南，政府主导旅游发展的模式下，留给河南旅游人的可操作空间不多，一大批优秀的旅游人往往选择了出走，这也是河南很难出创意性旅游产品的原因。而创意性产品不足，又导致了河南旅游的引领性不足，难以撬动三大主导市场，也难以让政府主流媒体加以传播。以西安与洛阳为例，同为古都，西安诞生了曲江系，从大唐芙蓉园开始，逐步走出了“到西安、看坟头”的原有格局，一步步将盛唐景象展现给全国，引领了唐文化变现，受到了三大主导市场的认可，也引导了一级传播中心的争相传播，诞生了无数网红景区。到现在，以大唐不夜城为代表的夜间经济发展，再一次成为全国的学习典范，成为全国性的爆款。而同为古都的洛阳，与之相比，旅游产品创新太不足了，一直还在洛阳牡丹的小圈子里没有走出来，这是非常不利的。没有本地引领型的人才，就缺乏引领性的产品诞生，就难以实现旅游产品的出圈，难以形成爆款。

### 小结

河南旅游之前难以出爆款的问题，也不仅是个案，山西旅游也是同样的问题，同样是在五台山、平遥古城、乔家大院之外缺失爆款且长久没有更迭，原因和河南非常类似，但河南更为典型。旅游爆款不仅依赖主导市场认可，还需要让主流传播认可，未来随着河南本地市场的消费水平提升，随着创新实践的进一步深入，希望能够有全国性甚至世界性的旅游爆款产生。

# 第十四章　河南（二）：旅游发展的短期问题和长期问题

河南旅游发展的短期问题就是市场挖潜的问题，就是如何引导消费挖掘本省市场潜力的问题；河南旅游的长期问题，就是创新不足和文化输出不力的问题。

## 一、短期问题：市场挖潜，建立与消费水平适应的文旅供给体系

要发现河南旅游短期内（1~3 年）的问题，就必须先正视并理解河南旅游在近 5 年为什么会突飞猛进的发展。这里其实是包括了三个重要的问题：一是要正视河南旅游近年来的成就；二是要了解河南旅游近年来突飞猛进的原因；三是要搞清楚河南旅游市场的位置。

### （一）正视河南旅游近年来的成就

国内提及旅游大省的时候，往往会优先提及广东、四川、云南、海南、山东等省份，但是从数据来看，河南旅游的发展是实实在在地排在全国前列的，从 2019 年的旅游总人数来看，除了江苏、贵州、四川、广东、山东等旅游总收入万亿省份，河南省以超 9000 亿的旅游总收入位居全国前十。2020 年“十一”黄金周的接待人数来看，河南省以 7234.98 万人居全国首位，并以

360.71 亿元的总收入位居全国第四位。

从上述数据可以看到，河南旅游的蛋糕确实在变大，河南已经成为旅游数据排行榜上的旅游大省，这一点是毋庸置疑的。

### （二）了解河南旅游近年来突飞猛进的原因

在河南旅游近年来取得如此大成就的背景下，了解河南旅游为什么会突飞猛进就非常有必要，否则一味地沉浸在巨大的成就前，很容易转化为盲目的投资冲动及激进的政策干预。

河南旅游从短期来看，受益于河南经济迅猛增长，人均可支配收入增加，从而衍生相应的消费需求。自 2013 年以来，东部产业向中部转移，尤其 2015 年后，产业转移加速，劳动力成本优势明显的河南、四川、湖北、湖南、江西等中部省份都在这一次产业转移潮流中得到了巨大的好处。

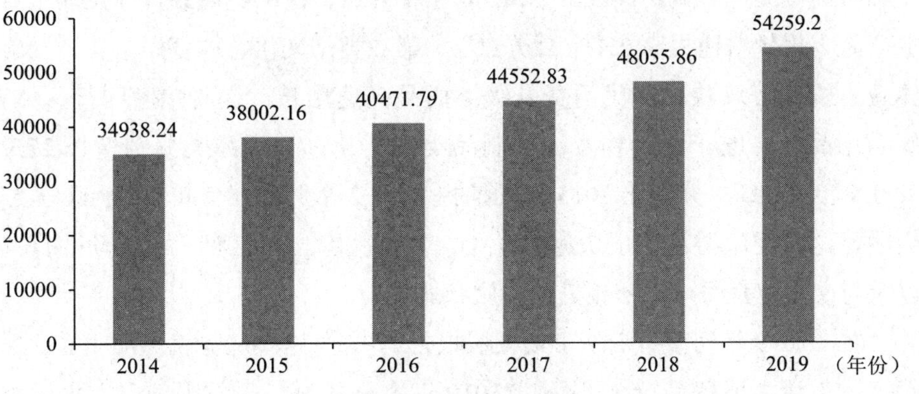


**2014—2019 年河南省地区生产总值统计**

（注：引自中国产业信息网 . http://www.chyxx.com/industry/202002/831965.html）

与之相对应的，就是居民可支配收入的增加，河南省的相关统计数据显示，2015 年全省居民人均可支配收入 17125 元，2019 年全省居民人均可支配收入达到 23902.68 元，人均可支配收入年均增长 6.6%。同时，经济增长带来资产增值，让许多人从中受益，尤其是房地产的增值尤为明显。以郑州的房价为例，根据安居客的数据显示，2015 年 1 月均价为 8483 元 / 平方米，到 2020 年 10 月均价为 13472 元 / 平方米；安居客显示的郑东新区的房价增长更加明显，2013 年 1 月，郑东新区平均房价为 11283 元 / 平方米，至 2018 年 8 月已经涨至 17285 元 / 平方米。拥有住房的居民财富在此过程中大大增值。

资产和财富的增加，必然会反映到消费上，资产及可支配收入的迅速增加，必然带来消费结构的改变。文旅类消费品的特性就是更富有弹性，在经济形势好的情况下，它的增长将更加迅速，这就是河南旅游近年来突飞猛进的根本原因。

根据《2016 年河南省消费市场发展报告》[1] 显示，2016 年河南的消费结构升级步伐加快，“基本生活类多数回落，粮油食品类、饮料类、烟酒类和日用品类商品零售额的增幅同比均有不同程度的下降”，而两大类消费品增长明显：第一类是汽车及汽车需要的石油类消费品增长显著，“2016 年，汽车类和石油类同比分别提高 5.3 个和 5.6 个百分点，这两类商品合计拉动全省限上商品零售额增速提高 2.4 个百分点”。第二类是文化、体育娱乐类。“文化、体育、娱乐等反映出居民消费升级类商品高速增长，提高幅度明显。体育、娱乐用品类、电子出版物及音像制品类和文化办公用品类分别增长 37.3%、32.0% 和 13.2%，分别比 2015 年同期提高 12.2 个、18.0 个和 2.7 个百分点”。很明显这时候旅游消费也快速启动了，数据就隐含在汽车消费带动的自驾游以及与文化体育娱乐紧密相关的文旅产业之中。

在《2019 年河南省消费市场发展报告》中[2] 这个趋势就更加明显，2019 年基本生活类消费品继续下降，“2019 年 1—11 月，全省限额以上生活类商品零售额占线上批发和零售业商品零售额的 26.3%，分别比 2002 年和 2012 年下降 6.9 个和 2.2 个百分点。”汽车、家电、通信用品等耐用品消费持续增加。文化类、医药类增长亮眼，“书报杂志类、电子出版物及音像制品类和中西药品类增速分别高于限额以上零售额增速 11.2 个、5.4 个、8.5 个百分点。”餐饮类、文化和旅游消费最为亮眼，“2019 年前三季度，全省餐饮收入 2365.6 亿元，比上年同期增长 12.6%”。“2019 年上半年，全省接待游客 4.9 亿人次，旅游总收入 5150 亿元，同比分别增长 18.5%、19.2%。”

从两个消费市场发展报告就可以看出，经济增长带来消费结构的巨大改变，从耐用品开始，当耐用品的消费满足后，文化、体育、旅游、娱乐等方面的消费就更加凸显出来，尤其是文旅类，消费的弹性非常大，在经济增长迅猛的时候，它的增长比一般类消费品更高，而在经济放缓或者增长趋缓的情况下，它的回撤也会比一般类消费品更大。

### （三）河南旅游市场的现状：量大价低的旅游市场

一方面正视河南文旅市场发生的变化，知道现在河南本地旅游市场已经成长为一个巨大的旅游市场；另一方面也要清醒地认识到，这是由于东部产业转移，带动河南经济迅猛发展的消费结构变化的结果。

那么，这个市场成色如何呢？

目前来看，这个市场是“大，而不强”。

新冠疫情之下，跨省游被大大限制，本地游成为主导。因此 2020 年的旅游数据能比较真实地反映本地旅游消费的水平与结构。

以 2020 年的“十一”黄金周数据来比较，河南的人均旅游消费为 498.57 元 / 人次，与江苏省的 1099 元 / 人次比起来，还不及江苏的一半，比起贵州的 707.6 元 / 人次比也少了一大截，与全国人均旅游消费 732.43 元 / 人次比，河南也只有全国平均水平的 68%，属于真正的“穷游”省份。从数据上看，河南旅游个人消费水平，不仅与沿海省份的差距巨大，与同为中部地区的湖南、江西、湖北的差距也非常大，甚至比不上贵州、广西等西部省份。

### （四）旅游供给端：底层在挣扎、中低端在恶性竞争、中高端难以迎合市场、顶级项目养不起

低水平的旅游市场，也导致了旅游供给端的无奈。具体来说就是：底层在挣扎、中低端在恶性竞争、中高端难以迎合市场、顶级项目养不起。

底层在挣扎，就是指在河南消费结构发生变化后，原本低端或超低端的旅游产业，包括诸多低质低价游、低品质景区、低品质住宿，虽然消费结构改变在即，但还是在进行最后的挣扎，低价游、套路游层出不穷，维持底层

求活。

中低端恶性竞争，是指虽然河南的旅游消费市场在扩大，但是消费水平始终没有大的提升，因此旅游业在中低端市场全面发力，在器械、项目，而非管理、内容上发力，以仿制项目、低价营销进行市场竞争。最为突出的案例就是现在河南中低端旅游景区基本配置了玻璃桥、呐喊泉一类的网红项目进行竞争，但大多数仅仅是有项目，而不是项目多创新奇。在各景区都有这类项目的情况下，此类网红项目招徕游客，就从降价竞争直至免费游玩了。而且只要一个景区出现一个成本较低而有一定受众的项目或器械，离全河南复制它就不远了。景区如此，住宿、低价团也是如此。

中高端难以迎合市场。近年来河南省虽然在倡导发展高质量旅游、建设精品项目，也有类似禅心居一类的中高端民宿出现，但是无奈的是河南的整体旅游消费市场还处于较低水平，这些产品很难迎合到市场。处于项目虽好，但不挣钱的境地。简单举例，江浙人可以每晚花 2000 元左右居住在莫干山，认为精致的生活配得上相应的价格，而在河南市场中，这个价格则被认为不值了。所以，尽管河南也建造或引入了很多精品项目，但总体而言，难以带动市场，难以获得价格认可。这又在一定程度上，打击了精品旅游发展的道路。

顶级项目就更加养不起，更加缺乏市场。很多顶级项目在河南处于声名在外，却经营惨淡的状况。更多而言是河南有顶级旅游项目，却很难维系生存。因此，顶级项目品牌商也不愿意赴河南投资，因为缺乏中高端消费市场人群基数，所以难以培育出稳定的顶级消费群体。

### （五）当前之路：市场挖潜，培育消费习惯

短期来说，在新冠疫情之下，大规模的跨省游以及国际旅游都不可能，即使未来跨省游全面恢复，国际旅游也逐渐复苏，河南旅游的基本立足点也应当是省内市场。虽然河南动辄对标江浙沪、川渝、广东，参考案例不是莫干山，就是轻井泽。但正如孙小荣在《警惕“高质量陷阱”典型观察》一文中说的那样：“如果脱离了区域性差异，这就是一种‘错位参照’。”不要在发

展的时候，“没有莫干山的命，却得了莫干山的病”。

针对河南省内市场，短期内（1~3 年）最重要的还是培育市场消费习惯，河南的经济迅速发展，居民的资产和可支配收入迅速增加后，各类消费势必会要寻找一个新的消费结构，其中耐用品的增长已经逐渐趋于稳定，目前而言最大的变数就是文化、体育、旅游、娱乐这四个方面的需求增长，这四个方面在 2019 年依旧保持了 10% 以上的增速，这四方面的增速未来会在何种水平，将直接关系到河南未来 1~3 年整个文旅市场的盘子有多大，以及河南未来文旅项目及消费的总量。所以在经济发展到一个新高度后，如何从河南已有经济水平下，挖掘相应的潜力，培育并壮大相应的旅游消费市场，这是当前河南应该思考的问题。

就当前而言，影响旅游消费的消极因素也需要考虑，那就是疫情带来的经济增速放缓和居民消费下降。承前所述，旅游是一项弹性极大的消费，据《财经》杂志报道，新冠疫情以来，2020 年上半年居民人均消费下降 9.3%[3]，而根据“十一”黄金周数据与 2019 年相比，旅游人均消费下降 12%，河南省的旅游人均消费则下降更多，2020 年河南省“十一”期间旅游者人数为 7234.98 万人次，2019 年河南省“十一”期间旅游者人数为 6677.95 万人次；2020 年河南省“十一”期间旅游总收入为 360.71 亿元，2019 年河南省“十一”期间旅游总收入为 501.96 亿元；2020 年河南省“十一”期间旅游者人均花费为 498.57 元 / 人次，2019 年河南省“十一”期间旅游者人均花费为 751.67 元 / 人次。这也从侧面可以看出，失去了省外消费后的河南本地旅游市场消费何其之低！也能看出，河南文旅消费市场萎缩得何等厉害。

河南不是一个有积极消费传统的省份，这一点与四川、湖南、贵州等省份差别甚大，后三者的人均 GDP 低于河南，但消费积极性却远高于河南。

文旅消费也属于其中的题内之义。未来河南省内还能够挖掘出多大的消费潜力，尤其是在全国经济新常态的情况下，河南 2016 以来的增速也在逐渐放缓，从快速增长逐渐回归平庸，未来在增速放缓的情况下，河南旅游消费市场是否还能够跃上新台阶，是整个河南文旅消费市场需要面对的问题。

还有一个利空，就是从 2019 年开始河南的经济发展也在放缓，东部产业转移带给中部地区的大礼包已经逐渐消失，2019年河南省的GDP增速为7%，略高于全国的6.5%，而2020年、2021年，是全球经济都艰难的一年，中国经济增速预计在4%~6%，河南的经济增速也不会特别明显，未来河南经济增速放缓也将成为新常态，这种情况下，河南文旅消费的盘子会不会缩小？会缩小多少？什么时候能够恢复？未来还会有多大的增长？市场能够挖潜到何种地步？

在文旅消费市场增速放缓甚至可能萎缩的情况下，如果河南政府看不到文旅消费迅速增长的部分原动力已经部分失去，反而沉醉在河南旅游已经取得的成就下，对着东部发达地区一路对标，大干快上，最终可能会引发许多不可逆的后果。

## 二、长期问题：创新不足和价值输出不力的问题始终制约着河南旅游的长足发展

对于河南旅游，就长期问题来说，最关键的就是创新不足和价值输出不力的问题。

### （一）创新力不足

创新力不足，是指本省的创新能力相对不足，优质项目多为输入型或复制型；价值输出不足，是尽管河南自己很认可自己，但全国的认可度还有待提升。创新力不足、价值输出不足，最后就会导致未来发展的动力不足。

前文曾经阐述过河南省的创新力不足的问题，“河南的旅游行政主导的痕迹非常明显，低质低价的竞争，让地方政府不得不协调景区抱团发展，甚至行政主导旅游发展，这样的结果是探索了‘焦作现象’‘西峡经验’‘栾川模式’等经典的地方旅游发展模式，但是与川渝、大湘西、江浙等地相比，缺的就是旅游人的个体创造性”。当然，河南本省的同人也反映，由于之前河南的经济水平较低，导致河南人才流失严重，就算引进人才河南也留不住。本地人才的流失严重，以及本地旅游人才的探索不足，导致的结果就是河南

本省的创新力不足，这一点在旅游方面尤为突出，河南大部分的旅游项目多数还停留在“观文化、观山岳”的观光旅游层面上，某些产品有些甚至一直停留在20世纪90年代的水平，参与性的、沉浸式的、互动体验的、高科技的……这些新型的业态与产品不足。另外，近年来的新建项目，更多的是其他省份或国外的成功项目在河南进行复制。河南旅游的独特性、个性化、本土化的产业稀缺，让游客缺乏新鲜感。没有能让全国人民都欣赏的旅游产品，许多新建项目在外地都差不多能找到原版，游客的失望自然也较多。

### （二）文化输出不力

河南有悠久的历史、厚重的文化，但是改革开放以来，河南向全国、全世界输出的特色河南文化太少。

文化输出，最高境界就是价值观输出。价值观的引导，就是要让人产生羡慕，心向往之。目前比较强势的几种省域文化，诸如齐鲁文化、盛唐文化、海派文化、江南文化……都有着非常强的价值观引导。

齐鲁文化——引领中国千年儒家传统，给中国文化自信

盛唐文化——中国屹立世界之巅的文化代表，梦回大唐

海派文化——中外荟萃之地，先进文化为我所用

江南文化——引领精致生活，展现中国自古以来的人文气质

河南要输出什么样的价值观，需要思量。输出是什么样的价值观，就必然会有相应的响应的人群。但这些人群是不是河南需要的客群，这也需要思量。以“豫见中国，老家河南”为例，强调的是河南是中国的缩影，且“家在此，根在此的价值观。这个价值观定义河南人会非常认同。因为这一句话，给了河南以自信，中国在此，根在此，大家都是从这里走出去的，带着浓浓的故乡亲情。回到“老家河南”这句话，河南人大都是很认同的，因为无论在哪里的河南人，老家都是河南，这一份浓浓的思乡之情，只要道一声“老乡”，那就是深厚的老乡情谊。

这个对于河南非常有认同感的文化输出，是不是所有人都认可，那就不一定了。不同祖辈漂泊的地方太多了，不一定认可河南是老家。

从营销宣传上看，河南的定位“老家河南”是宣传“自己是什么”的口号，能让本地人认同的口号。但是从传播来说，“你是什么”，现在新生代已经没那么关心了。现在需要输出的是“你引领了什么？”比如陕西，抓住了盛唐文化，告诉全国及全世界，它引领了2000多年东亚文化的发展。引发的认同感，带动了整个陕西的升华。延安，作为红都，告诉了全国，它引领了红色浪潮，奠定了社会主义基业。

引导性不强，认同感就会降低。国内对于“豫见中国、老家河南”的认同感低，还有以下几个原因：

第一，这个口号的人群受众在河南以外的地区更偏向中老年人。大部分人只有到中老年才会有寻根的思想，大多数年轻人是不会想到寻根的，对于年轻人而言，如果与父母分居了，父母在哪里，老家就在哪里。即使是父母的故乡都不一定会想到拜访，更不会想隔了几十辈的老祖宗的故乡在哪里了。所以从受众上来说，受众者年龄偏大，很难得到年轻人的认同，很难传播。

第二，时代变革之下，更多人向往的是先进文化的指引。“老家”这个词，对于从小就出生在城市里的新生代来说，在社会变革下，已经被掏空，只剩下留守的老人、无法沟通的亲戚，老家已经是回不去的地方了，就更难带动他们去河南的老家。

第三，“豫见中国”。但中华民族自信、文化自信，都是来自中国的经济发展成就，虽然“豫见中国”想要表达的是黄河、少林、文字等，但因为没有创新型的项目，很难从里面展现出中国。

长期来看，河南旅游如果不能解决创新力不足、文化输出力不足的问题，那么属于河南，又能引领全国旅游消费的市场产品就很难出现，很难在源头上形成竞争优势。

**结语**

河南旅游已经取得了跨越式的成果，它是一个旅游大省，但是短期来看，文旅在河南整体消费升级的趋势下，最终市场挖潜，能够占据多少份额，这是关系到河南文旅未来发展的根本。而在未来，要解决创新力不足和文化输出力不足的问题，才能够形成自己的文旅优势，从旅游大省迈向文旅强省。

**参考文献：**

［1］2016 河南消费市场发展报告 . 河南省人民政府门户网站 . www.henan.gov.cn.

［2］2019 年河南人钱都花哪儿了？这份报告为您解答！ . 河南省人民政府门户网站 . http://www.henan.gov.cn/2020/01-12/1245340.html.

# 第十五章　陕西：曲江模式及其探讨

“曲江模式”是陕西省以文物为核心吸引物，进而拓展文化旅游产业发展的重要探索模式，也是中国中西部地区旅游发展的经典模式。自2003年以来，“曲江模式”取得了不容小觑的成绩，也引发了巨大的争议。“曲江模式”的内涵、发展历程、未来趋势引人深思。

## 一、“曲江模式”发展历程及成就

1993年，陕西省人民政府批准设立曲江旅游度假区，这是当年西安市确立旅游业主导产业战略决策的重大举措，也是集全省、市旅游设施建设的重点工程。2003年3月，曲江旅游度假区更名为曲江新区，定位为以盛唐文化产业为特色，以旅游、商贸、居住为主导产业的城市发展新区。曲江新区的大力开发，使当年城投公司性质的曲江文化投资集团先后进行了大雁塔北广场、大唐芙蓉园等优质项目的建设，2005年完成了曲江海洋世界一期建设，之后2006年筹建了曲江国际会展中心，并组建了曲江影视投资公司，托管了陕西省秦腔剧院，以一举之力将曲江新区带入了文旅发展的快车道，并吸引了众多外来投资，众人拾柴火焰高，带动了整个曲江新区的发展。曲江新区与曲江文旅相互成就了对方。

十年间，万科、华侨城、金地集团等国内著名企业纷纷在曲江新区投资，曲江新区土地价值提高10倍，已经成为西安高品质生活所在地。曲江文化投资集团也在十年间迅速发展成为集旅游、影视、文产、动漫、会展、商业、出版与建设于一身的综合性文化产业集团。曲江文投集团 2002 年成立之初资产 600 万，截至 2011 年年末，总资产达 275.05 亿元（负债 182.64 亿元），成为“我国西部最大的文化产业集团”，实现了十年间资产翻 4584 倍的神话。

## 二、“曲江模式”内涵探讨

“曲江模式”可以从政府层面与企业层面两方面进行解读，但都是围绕文物资源的外部性效应，以土地运作为核心的操作模式，政府与企业相互成就、相互促进。

从政府层面看，“曲江模式”是西安城镇化过程中城市容量不断扩大，城市向外围发展过程中的实践，在此过程中曲江新区政府利用区内已有文物周边的土地潜在价值，通过完善基础设施实现“七通一平”，进而实现土地的增值，继而以点带面，带动片区土地增值，实现本地资本的积累与招商引资，逐步实现新区的住宅开发与商业开发，并逐步构造城市功能区域，最终实现城市新区的高质量发展，并带动整个区域的健康发展（见图 15-1）。

从企业层面看则是具有城市投资公司性质的曲江文投集团通过垄断文物点周围土地开发，通过对周边的基础设施与环境的改造，以文化旅游创新项目为核心引爆点，进行区域文化旅游整体营销，吸引文物点及文化资源的游客，并利用游客带来了人口、资本、物流向文物资源周边地区的集聚，拉动了周边土地的地价及商业的增长，从而带来地产收益和商业收益，形成特色文化旅游综合体，并获得文化旅游、地产、商业的综合创收（见图 15-2）。

在操作层面上，“曲江模式”以文物为核心，将文物周边的土地进行统一购买、统一规划，利用文物的知名度吸引游客，继而利用游客的集聚，拉动文物景点周边的物业发展，吸引人力、物力、财力在文物点缓冲区周边的汇聚，实现了三重增值：一是本身的文旅收入，以门票集文旅二次消费为主；二是文旅溢出效应，如地产收益、相关产业收益；三是资本化收益，如证券化收益。

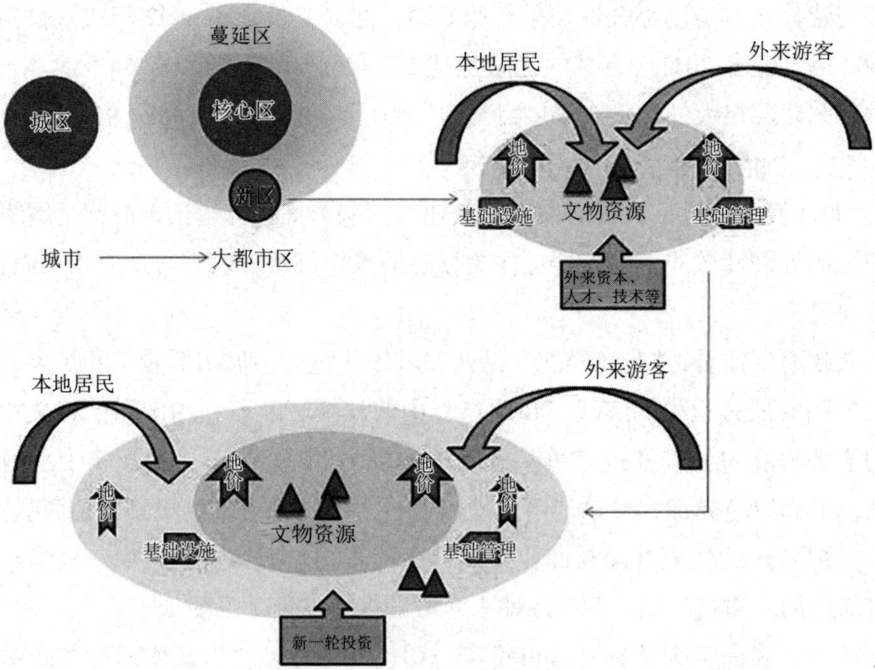


图 15-1 政府层面发展示意图

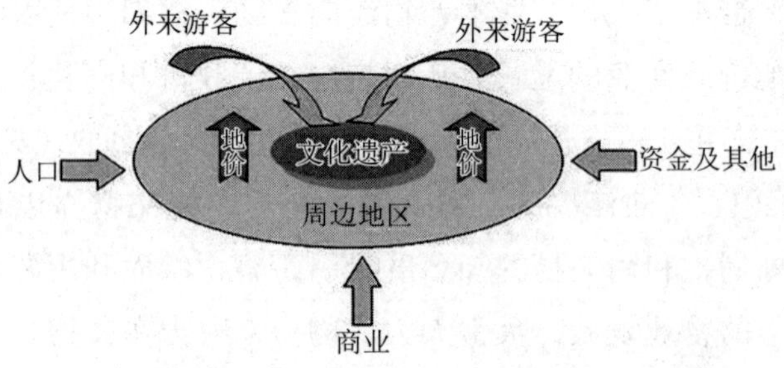


图 15-2 企业层面的曲江模式文旅地产解析图

## 三、“曲江模式”的支撑要素探讨

作为“曲江模式”的运作需要以下支撑要素。

### （一）良好的政商信任

曲江新区和曲江文旅是相互扶持、共同发展的关系。政府的支持让企业能够保证在开发过程中购地的完整性，进而保证文物资源带来的增值效益内部化，也能让各主管部门在开发过程中高效运作。企业的发展带来的优质明星项目，又让本地的名气更加响亮，从而带来更多的外来投资，形成更加优质的项目。前期良好的政府与企业的关系，保障了这一模式的成长。

### （二）雄厚与长情的资本支持

文物文化资源的投资与产出的周期较长，只有雄厚的资本支持才能够保证投资的持续性以及盈利的长期性，也能够保证发展不被一些短视的投资行为所驱动，而保证项目的整体性与统一性，防止了分租等短视行为。

曲江文旅集团作为本地企业，本身的国企性质以及发展特色决定了它可以更加长情地慢慢耕耘。而它一旦脱离了这套体系，资本逐利，政商之间的信任难以达到在曲江新区的状态，就很难复制这样的成功。

### （三）独特的文物文化资源

独特的文物文化资源，尤其是世界级和国家级的文物文化资源，能够为“曲江模式”的运作提供稳定的观光市场，文物文化点的观光旅游以及周边地区的其他旅游消费紧密结合能够为“曲江模式”带来初步而稳定的收益。

### （四）区位的独特性

“曲江模式”实际上是城镇化过程中，大都市或城市群产业结构空间优化的过程，因此，“曲江模式”一定要处于大都市或城市群内部利用其良好的交通区位实现市场的可进入性。

### （五）本地市场经济相对落后与行政力量强势

“曲江模式”是一种市场经济相对落后地区的文化开发模式，在缺乏庞大的中小文化企业的基础上，利用大集团的模式发展文化产业的模式，这种模式中行政的力量主导行之有效，能够利用行政的力量对文化产业所在区域的外部社区与相关利益者进行协调，替企业的发展解决相当多的问题，保证文化产业企业的发展与壮大。

## （六）区域的统一管理权

"曲江模式"在产业内部实际上还有其他部门利益，例如，多数文物文化景点的管委会是与景点的售票管理密不可分的，而在"曲江模式"体系内是由企业统一管理的，这一点保证了地块内部组织的通畅性，保证了内部所有单位都为公司的目标而服务。

"曲江模式"中前两条要素保证了企业稳定而长期的盈利与政商之间的默契，第三、第四条要素保证了企业的客源，第五、第六条要素保证了企业内外部协调的通畅，进而保证了"曲江模式"的成功（图 15-3）。

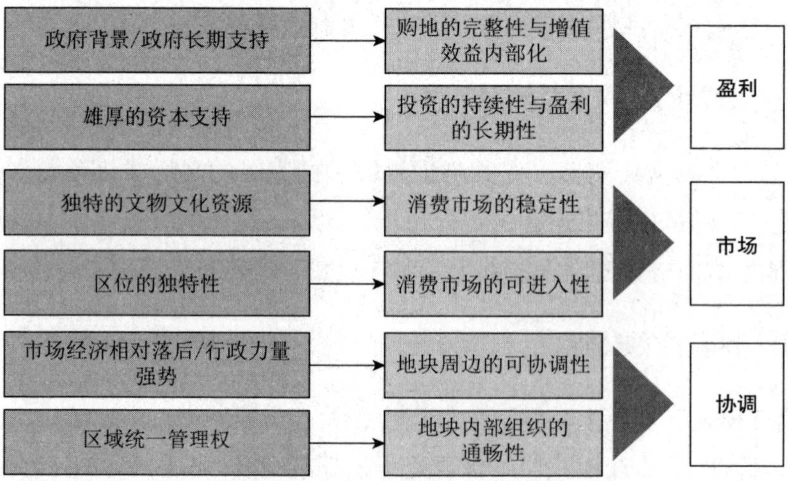


图 15-3 曲江模式企业层面的六大要素

## 四、曲江模式在西部地区的新探索

西咸新区是曲江新区之后的一个新实践，是陕西省省委、省政府贯彻落实《关中—天水经济区发展规划》和《国家主体功能区规划》、加快推进西咸一体化、建设西安国际化大都市的重大战略决策。2011年5月31日，西咸新区开发建设管理委员会成立，建立了“省市共建，以省为主”的开发建设模式；同时确立“一区五城”组团式发展格局，撤销沣渭新区、泾渭新区，组建空港新城、沣东新城、秦汉新城、沣西新城、泾河新城，从而建设彰显历史文明、推动国际文化交流的历史文化基地。

按照西咸新区的规划，其将建设东方帝王谷。根据迪士尼园区经验，按照游乐区与配套区2∶3的配比，将主题游乐区规划为1.6平方千米，配套区规划为2.4平方千米。配套区包括商业面积20000平方米的“夜未央商业街”，提供零售、餐饮、娱乐全方位服务；购物中心包括一个高端百货、一个奥特莱斯、两个大型国际连锁超市；酒店群包括十三朝、兰池驿等主题酒店、四个度假（村）酒店、四个品牌酒店及多个满足经济型消费者的公寓酒店、青年旅社、露营地等，提供风格各异、设备完善、满足不同档次需求的住宿服务。

## 五、“曲江隐忧”

文物保护是文化传承之根，而“曲江模式”则是对于文化的挖掘与开拓，但商业化的“曲江模式”在商业利益的驱动下与文物保护本身存在一定的矛盾。这种模式能够将旅游者带来的效益最大化，但是随着游客数量的增加，保护与利用间的嫌隙渐生，“曲江模式”与文物景点之间的矛盾从而产生。

### （一）文物点周边土地利用的矛盾

根据《中华人民共和国文物保护法（2007修正）》：“第十八条　根据保护文物的实际需要，经省、自治区、直辖市人民政府批准，可以在文物保护单位的周围划出一定的建设控制地带，并予以公布。”以及“第十九条　在文物保护单位的保护范围和建设控制地带内，不得建设污染文物保护单位及其环境的设施，不得进行可能影响文物保护单位安全及其环境的活动”。

文物点周边应当形成缓冲区，缓冲区应当经营适量商业行为，但是“曲江模式”却是需要最大限度地利用文物点周边的土地以实现效益最大化和内部化，要求将尽可能多的商业布置于此，这是第一个矛盾（图 15-4）。

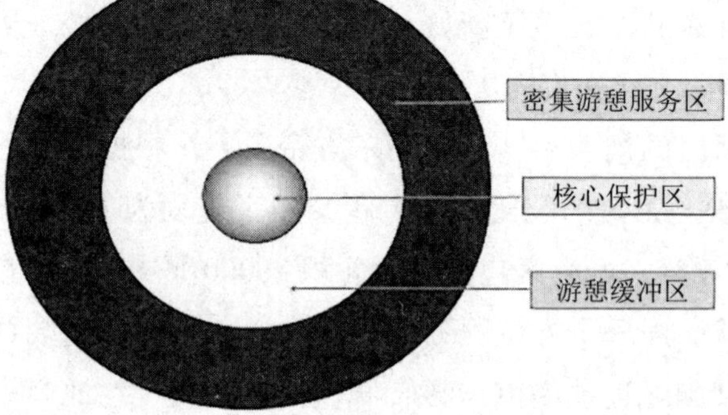


图 15-4　重要文物保护地的功能分区

### （二）土地扩张的利益驱动导致本末倒置

当“曲江模式”发展成熟，正逢中国大众旅游的兴起，商业的逐利行为希望能够利用文物点吸引更多的游客，而文物点往往受限于已有的规模，这种情况下，极端的改扩建以增加旅游容量的悲剧就在商业利益的驱动下产生了，兴教寺的矛盾即来源于此，而最终文物点的破坏导致的传统文化的丢失伤害的是整个地区。这就是需要警惕“曲江模式”过度商业化的地方。

### （三）早期政商间的默契与长情会随着企业的走出或区域的发展逐渐变化

曲江模式的政商关系是早期发展的重要基础，政府能够帮企业解决发展过程中的重要问题，比如土地、政策、贷款、担保等，具备城投性质的企业能够拿到最好的资源，也能够长情地在一个地方创造优质的项目。一旦企业走出这个地方，或者地方经过一定的发展，大量外来投资涌入，本地企业的重要性下降，那就很难存在之前的信任与默契，企业在外地的逐利，政府在本地选择更好的合作企业都有可能，二者在很大程度上颠覆了曲江模式最初的健康成长。

## 六、"曲江模式"发展趋势

对于政府层面的"曲江模式"而言，推动政府行为与企业行为的分离，减小政府在土地运营中的角色，推动地域的城市职能建立，确定区域新的持续增长点，实现新区的就业本地化与产业持续化是其未来的发展趋势。

对于企业而言，第一，应当解决的是旅游行业的趋势演变，大型主题公园已经开始由"园"向"区"，继而向"城"转变的趋势，将城市功能与主题园区进行融合的阶段，未来的"曲江模式"需要在这方面进行开拓，如华侨城"欢乐海岸"已经在这些方面尝试突破。

第二，"曲江模式"对于大型文化企业的培养与塑造有着无与伦比的优势，但是随着市场经济的日益成熟，需要大量的中小企业作为中下游企业进行支持，如何在曲江模式的基础上对整个文化企业的体系进行完善与建设是接下来的问题。

第三，模式的去行政化与市场型培育。"曲江模式"未来如何探索更加适合全国、全省其他环境下的都能够实行的模式，而不是盲目地套用，这是下一阶段发展的任务。

# 第十六章　江西：高质量发展的文旅融合探索

自2018年文旅融合的大幕拉开之后，各地文旅融合的探索日渐深入，江西省也在2019年适时提出了《江西省旅游产业高质量发展三年行动计划（2019—2021年）》，开始了江西省文旅融合高质量发展的探索。江西在文旅融合中的举措，首先就是把握高质量，利用高质量的文旅产品统御文旅融合的各个方面工作的进行，在稳步提升中促进文旅融合、在谋求发展中促进文旅融合、在主动求变中实现跨越式文旅融合。

## 一、在稳步提升中促进文旅融合

随着我国的主要矛盾转变为“人民日益增长的美好生活需要和不平衡不充分的发展之间的矛盾，人民日益增长的物质文化需要同落后的社会生产力之间的矛盾”。文旅融合的根本目的也成为解决人民日益增长的美好生活的愿望，日益增长的物质文化需求的重要路径。文旅产品是文旅融合的重要成果，提供高质量的文旅产品是文旅融合的根本，只有文旅产品的品质提升，才能应对人们对美好生活，尤其是对休闲生活的需求。高质量的文旅产品也是供给侧改革的根本要求，只有高质量的文旅产品，才能引导高质量的文旅消费，江西的文旅产品注重的是“点－线－面”的文旅产品结构优化，从源头带动文旅健康发展。

第一，江西重点打造“一圈三区三带五中心”的文旅线路，形成从圈到区、带、中心的辐射，从而构建整体的文旅线路体系。从文旅发展的路径来看，由点到线再向面的发展是一个趋势，点状的文旅景区只有串联成线，形成优秀的文旅带，才有可能形成整体性的竞争。江西的点状文旅产品已经在过去的 40 年间形成了一定的品牌效应，庐山、三清山、武功山等都成为全国闻名的文旅景区，通过带状的文旅线路的发展，一方面，引导已有的知名品牌强强联合，流量共享，从而形成更大的品牌效应；另一方面，能够利用串联的文旅线路，引导旅游者由高流量区域以线状方式向具有潜力的地区发展，从而带动整个区域的文旅发展。因此，江西将文旅线路的建设放在文旅产品打造的首要位置。

第二，文旅景区的景观提升及服务体系提升。针对现有很多景区已经运营了 10~30 年，文旅景区的景观改造欠债较多，尤其是那些早期开发的知名景区，在这方面的提升尤为迫切。而且这些知名景区，很多都是倚靠单一文旅品类在发展，在当今文旅竞争由单纯的旅游景点竞争走向了综合的旅游地的竞争的局面下，补全它们的休闲观光度假产品体系就成了迫在眉睫的事情。因此，江西高质量文旅融合的产品第二个重点就在于补缺与提升。通过对文旅体系的补缺，完善文旅前哨地、打通系统的神经末梢。以旅游信息咨询服务中心体系及旅游专线系统为抓手，让文旅体系运转更通畅。

第三，布局文旅未来发展领域，有的放矢地进行文旅融合。江西省将文旅融合的重点放在四个方面：一是文化旅游的发展；二是乡村旅游；三是康养旅游；四是文旅新业态。其中文化旅游方面，继续发掘江西红色文化的内涵，利用当前红色文化热潮，带动整个江西文化旅游的发展，将书院文化、陶瓷文化、诗词文化、戏曲文化等全面带动起来，布局下一个文化旅游的热点。同时也积极利用江西的文化交流活动，带动提升江西文旅在全国的知名度，例如，利用近年来闻名全国的海昏侯墓葬的巡展工作，配合“江西风景独好”的宣传，在各地铺开，积极利用文化宣传效应带动旅游发展。在乡村旅游、康养旅游、新业态旅游方面，也积极布局产业与相应的文化充分结合，让文化融入未来旅游发展的各个重点领域之中。

以文旅产品为根本，主动顺应文旅产品由点向线发展的趋势，理顺江西的文旅线路结构；适应旅游产品发展的新动向，积极丰富文旅景区的产品类型并提升文旅景区的景观风貌；将文化融入未来江西文旅发展的重要领域，利用文化提升江西旅游的内涵，同时又利用文化为江西旅游积极引流，江西在高质量的文旅融合的产品方面做出了有益探索。

## 二、在谋求发展中高质量的文旅融合

江西推进高质量文旅融合的第二个亮点就是它的抓手稳而准，文旅融合是在发展中的融合，是做大做强中的融合，只有不断地将文旅融合的蛋糕做大，才能跳出当前文旅融合的各种小问题，从更高战略高度引领文旅融合的正确发展。

江西省的具体做法是营造有竞争力的“大景区”、能够保障文旅发展的“大集团”、业态大整合积极布局“+文旅”、构建文旅全产业链的系统化运作、以江西文旅的整体快速发展，带动文旅在发展中融合。

其中资源整合方面，是以做大做强优质景区，扶持培强优秀旅游企业为导向的。做大做强优质景区，就是利用国家的A级旅游景区发展体系，加快高A级旅游景区创建步伐，力争到2021年全省5A级旅游景区达13家、4A级旅游景区达180家，实现4A级旅游景区县全覆盖。这是以景区作为资源整合的拳头策略，这个明确的抓手，就能够有力地实施。

通过鼓励和引导旅游企业通过股份合作、兼并重组等方式，整合优质旅游资产，做大做强旅游产业集团，并强化大型文旅集团发展，弱化当地管委会管理，使景区成为“小管委会管理、大集团运营”的体制，这是江西改变原有的旅游企业“小、散、弱”格局的重要举措。该举措着眼于在利用本地文旅资源的基础上，培育本地的强势文旅品牌。利用本土强势文旅品牌的培育，让江西在文旅整个产业链中主动从土地、资金到市场出击，并利用这些大的文旅集团向外拓展，将江西的文化旅游品牌传递至全国各地。这是景区以及文旅企业文旅资源整合的重要抓手。

促进业态大整合积极布局“+文旅”。全面推动江西的一、二、三产业与文旅相结合，鼓励工业、农业、林业、水利、医疗、体育等各个领域大型企业进入旅游，一方面是促进一、二、三产业的专业领域拓展文旅的发展空间，让文旅能够在更加广泛的领域内进行；另一方面是充分利用工农林水医体等领域的资金及流量带动文旅更快更好地发展，实现文旅高质量的融合与拓展。

四是打通旅游的“食、住、行、游、购、娱”的各个环节的壁垒，形成顺畅的文旅产业体系。在文旅产业每个环节中注重品牌效应，鼓励优秀供应商做大做强，并利用智慧旅游等先进的技术，以高科技技术引领文旅资源的优化组合；利用“一部手机游江西”的智慧旅游建设，将与文旅相关的各个部门，诸如交通、公安、商务、卫生健康、市场监管、民航、铁路、气象等政府部门，以及文旅产业的供应者放在一个平台上，并利用大数据等技术积极地引导、监管文旅的健康有序发展。

## 三、在主动求变中实现文旅融合

文旅产业是一个变化的产业，唯有主动拥抱变化，努力实现创新才能够在变化中跨越式地进行文旅融合，才能以引领者的姿态进行文旅高质量融合。江西在把握时代变化中，重点关注到了市场的变化、传播形式的变化，与之对应的是市场的创新化拓展、传播的创新化举措，以及这些背后制度的创新探索。

主动走出文旅发展原有的舒适区，谋变发展，让更多人知道江西、认可江西的文旅发展，并实现来江西旅游的目的。文旅市场的变化，首当其冲就是国内旅游市场的板块轮动，以及国际市场的开拓。江西的位置优越，坐拥华东、华南、华中三大市场为基本盘，这三个市场各有特点，其中华南市场是最早开拓的市场，也是最成熟的市场；华东市场量大而质高，它的开发紧随华南市场；华中市场是随着中部崛起而形成的一个新兴市场，人数众多，消费逐步增加。江西坐拥这三个市场，而这些市场又在一步步轮动之中。江西省制订“引客入赣”计划，利用高铁、航空、高速等多种现代交通的宣传，实现去三大基本市场引客的目的。在国际上，利用江西已有的旅游知名度，积极结合国家的“一带一路”倡议，在沿线国家展开精准宣传，且继续利用航空等触角，伸向世界的其他国家及地区，广泛地吸引人们“走进来”。

市场的主动谋变，叠加了稳步提升的文旅市场，以及江西一直以来围绕“江西风景独好”的品牌形成的融媒体传播，在这之后是江西在文旅融合方面的制度创新，让制度的创新保障产品提升与市场拓展。在《江西省旅游产业高质量发展三年行动计划（2019—2021年）》中，主动打破原有的文旅管理机制，破解“一山多治”“一景多管”“政企不分”“门票依赖”，实现“小管委会管理、大集团运营”，走出文旅企业运营舒适区；打通全省各个部门各环节的行政资源，将任务逐条落实到相应的行政部门上，实现政府范围内的通力合作，又避免了各个部门之间的相互推诿，走出行政管理舒适区……这些行政上的改革都在促使江西向高质量文旅融合前进。

**小结**

江西的文旅融合是全国文旅融合的一个缩影，江西的经验是用高质量发展统御文旅融合，稳步提升中促融合、谋发展中促融合、主动求变中促融合，以更好的产品、更好的服务，更加主动地拓展市场，更加主动地制度创新，以此来谋求文旅融合的更好效果。

# 第十七章　新疆：文旅投资正当其时

本书将从大势入手谈新疆旅游投资开发问题，并探讨时下的新疆旅游投资开发的机遇。

## 一、新疆旅游的市场与命门

在谈到新疆旅游投资开发时，首先要讨论两个问题：第一，新疆旅游的市场在哪里？第二，新疆旅游的命门在哪里？

### （一）新疆旅游的市场在哪里？

每一个从事旅游行业的人谈起旅游市场来总是习惯性地划分市场，从分级上看，由近及远可以分为本地市场、区域市场、国内市场、海外市场。本地是根，重中之重；区域是基，稳定输入；国内有保障、国际有补充，大事可定。但总有那么几个地区是例外，新疆就是其中之一。

**1. 新疆旅游的本地市场孱弱、区域市场不足。**

2015 年新疆的 GDP 总量为 9324.8 亿元，列全国第 25 位，人均 GDP 为 40578 元，列全国 19 位，均低于全国平均水平，更为重要的是新疆常住人口仅为 2298 万人，总面积却有 166 万平方公里，占到全国国土面积的 1/6。同时新疆常住人口主要分布区域为喀什（430 万人）、乌鲁木齐（353 万人）、伊犁（279 万人）、阿克苏（253 万人）、和田（220 万人），其他各市、自治州、地区常住人口均在 200 万人以下，相对新疆如此大的土地面积而言，地广人稀的特征十分明显。新疆旅游本地市场不足、总人口过少、经济规模总体小、总面积过大都成为新疆本地市场不兴的重要原因。

新疆旅游的区域市场也非常弱，新疆地区所在的西北板块及临近区域——青海、西藏、内蒙古、宁夏、甘肃同新疆一样地广人稀、GDP 落后于全国平均水平，而且这几个地区旅游资源同质化现象严重，都是地广人稀、少数民族聚居、西北风情著称的区域，西北区域市场本身就比较小，无力支援新疆旅游，因此新疆旅游本地市场盘子小，区域市场也较弱。

**2. 东部三大城市群市场是关键**

对于新疆而言，本地市场孱弱、区域市场不足的现状非常明显，那么东部经济发达地区就成为新疆旅游市场的关键。珠三角、长三角、京津冀地区这三大城市群所在区域人口约为 3.2 亿人，经济实力雄厚，且城市发展到高级阶段后产生了大量的有钱有闲阶层，他们拥有较多的自由支配时间及可支配收入，最难的是他们拥有良好的地域集中性，北上广深这些超一线城市成为这三个地区的典型。因此，新疆旅游的市场支撑在东部，尤其是三大城市群区域的重点城市。至于国际市场，新疆周边的中亚国家经济一般，赴新疆旅游的意愿不大。

### （二）新疆旅游的命门在哪里?

新疆旅游的命门在哪里？一共有两个：第一个是旅游交通；第二个是旅游安全。

**1. 旅游交通的命门**

旅游交通是新疆旅游的第一个命门。新疆地广人稀，本地市场较弱。它的关键市场在东部地区，那么东部地区人民如何来新疆？铁路及公路赴新疆的路程都过于漫长，只有航空时间较短。

新疆的机场主要集中于乌鲁木齐与喀什，东部地区飞往乌鲁木齐的航班时长在 6 个小时左右，而往返费用平时在 3500 元以上、旅游旺季价格在 5000~6000 元，甚至更高，东部至喀什更不用说。而这个价格对于东部地区而言基本上是去东南亚、东北亚国家的价格，因此旅游交通费用高成为制约新疆旅游发展的重要一环。

同时，与贵州旅游一样，在地旅游疏解难成为新疆旅游交通的第二大难题。贵州旅游交通的问题是多山，公路交通不畅。新疆的在地旅游交通的问题则是面积广大，方式单一。在新疆的民用机场没有大规模建设之前，新疆本身的高速路及铁路修建困难，导致线路少，而耗时长。因此，过去新疆旅游往往集中于乌鲁木齐以及周边的吐鲁番、哈密这些区域，即使是这三个地区，路程耗时长也成为旅游线路安排的重要难题。

**2. 旅游安全问题**

旅游安全问题是近年来新疆旅游的隐忧，一切旅游发展的根本就是安全，近年来相关地区的相关负面新闻带来的新疆旅游安全感知下降的问题很明显，网络上也在大肆渲染，这些使得近年来刚刚有上升趋势的新疆旅游又开始让人担忧。

## 二、为什么新疆旅游投资开发正当时?

尽管新疆旅游过往的表现不瘟不火，但是在时下而言，投资它却是正当其时。风从何处起？本章主要从它的国家战略意图与市场机会两大方面来探谈这个问题。

### （一）国家战略层面带来的机遇

**1.“一带一路”倡议下新疆作为陆上出口的重要区域将加快基础设施建设**

新疆是“一带一路”陆上丝绸之路的重要区域，随着我国“一带一路”倡议的全面实施，新疆的地缘政治、经济与国际交流的地位日益增高。

众所周知，基础设施的建设是旅游业发展的前提，作为“一带一路”倡议实施的重要区域，新疆近年来的基础设施建设力度巨大，这一前提条件现已逐步具备。无论是高速、铁路还是机场，新疆的基础设施建设都发生了翻天覆地的变化。尤其是机场方面，目前新疆的民用机场正在形成以乌鲁木齐国际机场为圆心，以北疆、南疆和东疆地区 12 个正在运营的支线机场为点的航空网络。未来的新疆，将实现国际、国内以及新疆维吾尔自治区内的航空网络的无缝对接。

**2. 明确新疆定位，稳定消弭旅游安全隐患**

新疆维吾尔自治区《国民经济和社会发展第十三个五年规划纲要（草案）》中明确："新疆工作的总目标是维护社会稳定和实现长治久安，要正确处理稳定和发展的关系，切实把工作的着眼点和着力点放到社会稳定和长治久安上来，统筹谋划各领域各方面工作。这是中央对新疆工作的重要决策部署，是新疆一切工作的纲。"可以预见到的是一个更加稳定、更加安全的新疆将会在未来呈现。这就在很大程度上消弭了新疆旅游安全隐患。

**3. 国家层面的政策推动有利于新疆旅游开发**

国家层面的政策对未来新疆旅游开发将会有着巨大的推动作用。一是2015年1月20日《低空空域使用管理规定（试行）》对于低空空域的使用的放宽对地广人稀的新疆而言有着巨大的推动。民用飞行器与旅游的结合将为新疆带来更多便利。二是国家扶贫政策将为南疆带来巨大的改变。南疆是新疆维吾尔自治区较为贫困的地区，国家对南疆的大力度扶持、支持，未来也将为这一地区的旅游开发打下良好的基础。三是边疆政策、西部大开发政策及其他已有的支持政策，这些政策的持续性就是投资的最大保障。

在新疆"十三五"规划中，旅游也是其中一个重要的环节，政府推动旅游发展，从旅游航空途径进行相应的消费减免及促销等政策也很可能推出，这能大大节约东部赴新疆的交通成本，未来可期。

### （二）市场机会

**1. 新疆拥有少数的还未开发的优质旅游资源，优质资源必将吸引优质市场**

2013年以来的新的一轮开发热潮后，全国所剩的未开发优质旅游资源已经不多，中部、东部、东北部的优质旅游资源在过去30年中率先被开发出来，而西南部的云、贵已于近年陆续进入旅游开发热潮，北部的蒙、宁地区接受京津冀的投资力度也很大，陕西、四川、重庆则早早得以开发，新疆、西藏、甘肃、青海的资源条件是其余地区中留在最后的。西藏的多高山地形条件大大增加了开发成本，且它的生态条件脆弱；青海的资源组合不如新疆丰富，且少数民族风情与西藏有所重叠；甘肃则是面积狭长、开发条件不足，且特质性资源不足。新疆优质的旅游资源条件为社会资本进入旅游领域提供了良好的载体。2017 年，当旅游开发热潮已将各省较好的旅游资源抢占后，目光投向新疆也是必然。

**2. 三大城市群旅游市场进一步发育成熟，新疆独特性的旅游资源将受到青睐**

东部三大城市群的旅游市场在 2015—2016 年的资产狂奔潮中进一步升华，有房一族成为富有阶层，相对于成百上千万的房产而言，旅游的支出只占他们消费支出的一小部分而已，因此三大城市群的旅游消费群体将更加成熟。另据相关预测，由于人民币贬值，中国的出境游将会有一波回流，作为出境游主体的三大城市群地区游客，未来在全国选择特异性旅游的寻求将会增加，而新疆独有的天山、大漠、西域文化、维吾尔族风情、沙漠绿洲等都有巨大吸引力。

**3. 前期的市场孕育已初见效果，未来可期**

自 2011 年在中国掀起的纪录片热以及新疆近年来有针对性的旅游宣传营销，让新疆旅游在全国做了预热，新疆的美食在《舌尖上的美食》《味·道》《丝路美食》……一系列纪录片中不断出现，新疆的风景在《美丽中国》《新疆是个好地方》……已经在国人心中做了充分铺垫，自媒体等方面的推介也将新疆及时地带到了全国人民面前，只差一个契机，便可成行。

**小结**

社会资本顺着政策、市场流入，从而进行开发也就顺理成章了。

新疆的投资开发有两波热潮：一波是基础设施建设投资以及农产品电商投资，他们已经接近饱和，另外一波则是旅游投资开发热潮，2017 年这一波将会启动。风起了，新疆旅游投资正当其时。

# 第十八章　湖北：疫后文旅如何发展

（本文写在2020年2月底，当时湖北正是新冠疫情最严重的地区，本文为湖北疫后文旅发展提出了相应的策略。）

截至本章撰写之时，新冠疫情还在继续，按照2003年SARS病毒的防治历程，从2002年11月16日广东佛山发现首个“非典”病例，到4月17日中央政治局启动应急行动，到2003年6月24日，世界卫生组织（WHO）宣布将疫情最严重的北京从“非典”疫区名单中剔除，前后一共历时8个月，从启动应急行动到疫情结束一共2个月（见图18-1）。如果做一个简单的比照，湖北的疫情，最快可以在4月底得到彻底控制，考虑到气温及其他方面的因素，疫情应当可以在6月左右结束。

现在已经是2月下旬，可以对未来湖北的文旅发展进行一定的研判，并为以后湖北的文旅发展提出相应的发展建议。

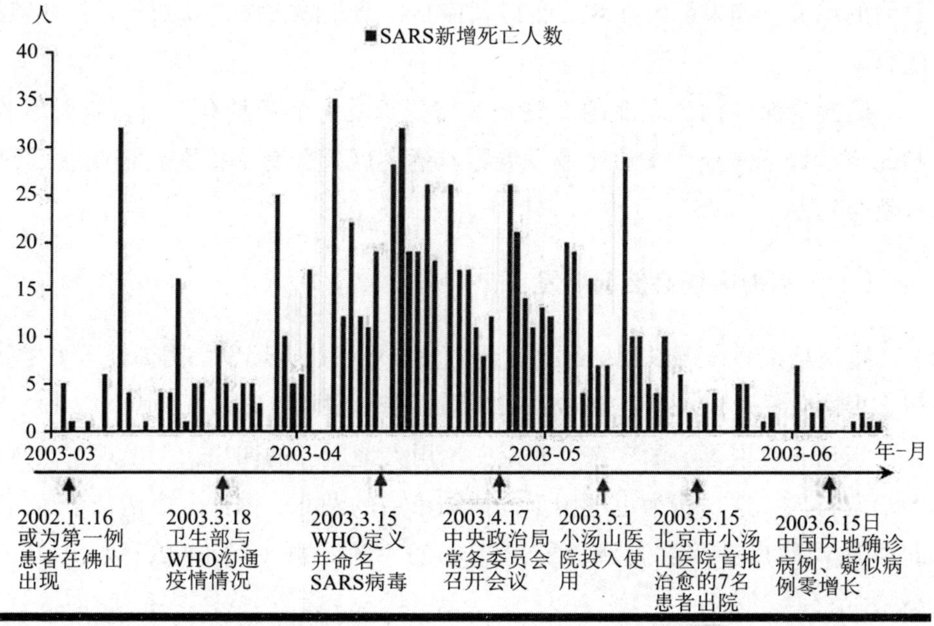


资料来源：CEIC，方正证券研究所。

图 18–1　2002 年 11 月至 2003 年 6 月 SARS 新增死亡人数统计

## 一、对疫后湖北的文旅发展趋势的基本判断

### （一）湖北是文旅重灾区，会有一批文旅企业熬不到 6 月

截至 2020 年 2 月 16 日，全国累计报告确诊病例 70548 例，其中湖北累计确诊病例 58182 例（武汉 41152 例），目前全国除湖北外的其他省份，新增确诊病例都在呈下降趋势，但湖北还是名副其实的重灾区。

疫情防控期间对各行各业的影响中，文旅行业受到的影响最大，可以预判到的是湖北必然是 2020 年文旅行业的重灾区。全国其他地区会陆续解除对旅游业的限制，例如浙江已经发布“浙六十条”指导景区恢复生产，江苏的不少城市也开始放宽了对文旅的限制，但是湖北可能会是最后放宽的，按照目前的趋势，如果能够在4月底得到控制，湖北的文旅也要到6月初才能彻底启动。

因此，保守估计湖北的文旅企业需要承受4个月没有任何营收的考验，湖北将是接下来全国文旅企业发展最难的地区，会有一批文旅企业熬不到6月就会死去。

## （二）本地市场必然会爆发

疫情结束后，可以预见的是本地文旅市场必然会爆发。因为经历了生死，很多事情会看开，觉得生死无常，会利用消费来排解压力。

当年非典恢复后的广东、北京，汶川大地震后的四川，都出现了大规模的消费行为，这一行为也适用于疫情结束后的湖北。因此，疫情结束后，湖北本地人的出游将会是湖北文旅市场的主流人群（图18-2，表18-1，表18-2）。

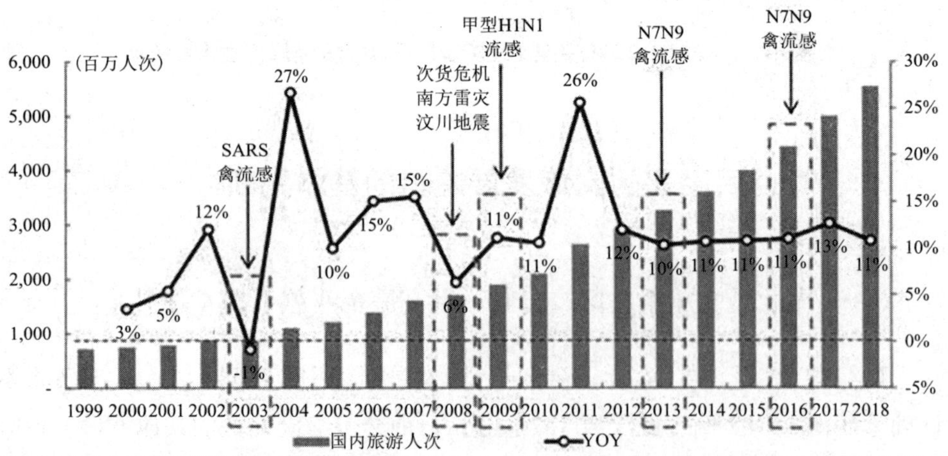


资料来源：国家统计局，中金公司研究部。

图18-2　中国突发事件与旅游增长的关系图

表 18–1　广东省 2001—2016 年旅游收入增长表

单位：亿元

| 年份 | 收入合计 | 每年增长速度（%） | 旅游外汇收入 | 每年增长速度（%） | 国内旅游收入 | 每年增长速度（%） |
|---|---|---|---|---|---|---|
| 2001 | 1263.09 | 9.84 | 368.08 | 8.23 | 895.01 | 10.51 |
| 2002 | 1467.08 | 16.15 | 421.02 | 14.38 | 1046.06 | 16.88 |
| 2003 | 1338.11 | −8.79 | 352.92 | −16.18 | 985.19 | −5.82 |
| 2004 | 1664.05 | 24.36 | 444.96 | 26.08 | 1219.09 | 23.74 |
| 2005 | 1882.61 | 13.13 | 529.06 | 18.90 | 1353.54 | 11.03 |
| 2006 | 2120.01 | 12.61 | 600.36 | 13.48 | 1519.74 | 12.28 |
| 2007 | 2455.06 | 15.80 | 663.25 | 10.48 | 1791.81 | 17.90 |
| 2008 | 2668.00 | 8.67 | 638.07 | −3.80 | 2029.93 | 13.29 |
| 2009 | 3068.39 | 15.01 | 684.92 | 7.34 | 2383.47 | 17.42 |
| 2010 | 3809.44 | 24.15 | 844.85 | 23.35 | 2964.59 | 24.38 |
| 2011 | 4835.46 | 26.93 | 903.55 | 6.95 | 3931.91 | 32.63 |
| 2012 | 5790.61 | 19.75 | 986.13 | 9.14 | 4804.48 | 22.19 |
| 2013 | 6716.69 | 15.99 | 1008.05 | 2.22 | 5708.64 | 18.82 |
| 2014 | 7850.57 | 16.88 | 1049.31 | 4.09 | 6801.25 | 19.14 |
| 2015 | 9080.77 | 15.67 | 1104.16 | 5.23 | 7976.50 | 17.28 |
| 2016 | 10433.81 | 14.90 | 1233.52 | 11.72 | 9200.29 | 15.34 |

表 18–2　四川省 2001—2016 年旅游收入增长表

| 年份 | 地区生产总值（亿元） | 旅游业总收入（亿元） | 相当于 GDP（%） |
|---|---|---|---|
| 2001 | 4293.49 | 314.00 | 7.3 |
| 2002 | 4725.01 | 380.20 | 8.0 |
| 2003 | 5333.09 | 420.80 | 7.9 |
| 2004 | 6379.63 | 566.23 | 8.9 |
| 2005 | 7385.11 | 721.26 | 9.8 |

续表

| 年份 | 地区生产总值（亿元） | 旅游业总收入（亿元） | 相当于 GDP（%） |
|---|---|---|---|
| 2006 | 8637.81 | 979.57 | 11.3 |
| 2007 | 10505.30 | 1217.31 | 11.6 |
| 2008 | 12506.25 | 1091.52 | 8.7 |
| 2009 | 14151.30 | 1472.48 | 10.4 |
| 2010 | 16898.60 | 1886.09 | 11.2 |
| 2011 | 21026.70 | 2449.15 | 11.6 |
| 2012 | 23849.80 | 3280.25 | 13.8 |
| 2013 | 26260.70 | 3877.40 | 14.8 |
| 2014 | 28536.66 | 4891.00 | 17.1 |
| 2015 | 30103.10 | 6210.50 | 20.6 |
| 2016 | 32680.50 | 7705.54 | 23.6 |

### （三）外地市场会受到冲击

本地市场的活跃并不代表外地赴湖北的旅游市场会活跃。因为疫情带来的影响，往往会限制跨区旅游。随着各地疫情的缓解，各地已经率先出台相应的政策，如“浙六十条”、湘西的“1+1”优惠等，都在率先抢夺疫情后的第一波市场，而湖北必然是最后解封的省份，等湖北解封的时候，这一波疫后的旅游必然是赶不上了。在整体文旅形势放缓的情况下，湖北能够抢到的市场份额也非常少。

事实上，外地对赴湖北旅游是否安全，是否还会存在后续疫情，会心有余悸，这也是业内同行所说的疫情带给湖北的“心理包袱”。加上本次疫情前期，湖北在应对疫情方面出现的一系列负面新闻，会对湖北整体的旅游形象产生负面影响，因此，湖北以外的市场短时间内会对赴湖北旅游产生阴影。

一般而言，对旅游目的地信心的恢复需要 1~2 年，因此湖北要做好 1~2 年国内旅游者难以恢复到原有水平的准备。

### （四）国外市场会受到很大的冲击

湖北旅游在国际上的影响会消散得更为缓慢，毕竟还有信息不通畅等方面的因素，国际上疫情的防治及消弭很可能不如中国有力，因此，未来国际游客方面，很可能会受到很大冲击。

## 二、疫后，政府应当如何应对湖北文旅的文旅形势？

基于上述四个疫情后湖北文旅形势的判断，湖北政府可以从以下方面来应对未来 1~2 年湖北的文旅发展，从而尽快恢复文旅行业。

### （一）要抓住主要矛盾，抓住湖北基本盘

湖北疫情结束后，一定要有清醒的认识，全国的疫后第一波旅游市场行情也基本结束了，再去抢全国市场也来不及了，而且全国对湖北的安全还是会存在疑虑，这种情况下，最主要的就是：抓住湖北基本盘！要抓住湖北本地市场，因为本地市场就已经很大了。这也是当年广东、四川在“非典”后、汶川地震后做的事情。

2018年湖北总人口5917万人，其中武汉人口1108万人，湖北GDP为3.94亿元，全国排名第七，湖北本身就存在一个巨大的旅游市场，这个市场最初带动了武汉及其周边城市的旅游发展，近年来带动了鄂东、西、北区域的旅游大发展，连带还影响到了重庆、湘西、河南南部等区域。因此，抓好湖北本地市场是第一要务。

抓住基本盘，而不是为了政绩宣传，将大把的宣传费用投向国内其他区域，这是湖北疫情结束后文旅发展的主要基调。

### （二）要有时间表，2 年以内重心在本地市场，2 年以后向外推广，时间节点很重要

疫情结束后，湖北对如何发展文旅要有明确的时间表，相关的时间节点

非常重要。与迫不及待地去做国内市场宣传与海外市场拓展相比，湖北应当有清醒的认识，那就是先内后外，只有先把湖北的本地市场做好了，才可以利用本地市场慢慢带动外地市场，随着时间的流逝，慢慢消除掉疫情期间带来的负面影响，让全国市场和国际市场慢慢恢复。因此，要有明确的时间表，要做好本地市场，要有时间节点意识。

### （三）要尽力救助本地文旅企业

湖北的文旅企业面临的是全国最严峻的形势，亏损很可能无法避免。但文旅企业是湖北文旅产业未来发展的根基，因此湖北政府应当在疫情有所缓解之后，首先对湖北本地的文旅企业进行救助，让它们能够顺利撑下去，否则，一旦这些企业破产，最终伤害的还是整个湖北的文旅产业发展。

### （四）要重点扶持优势区域发展

基于湖北文旅国际国内市场都会受到影响，且在更长时间内还会受到影响，湖北应当重点扶持优势文旅区域及重点区域：

一是武汉及其周边的文旅发展。疫情结束后，本地游市场必定能做起来，而湖北武汉的本地市场最强大，武汉周边已经形成了环城游憩带。武汉及其周边的条件最好，市场好、交通区位好，旅游资源最丰富，这个区域应当重点扶持。而文旅企业也应当重点关注这个地区的文旅恢复发展。

二是鄂西恩施地区。这是湖北旅游发展最迅猛的区域，依托重庆都市圈，结合本身的资源，鄂西恩施地区的文旅已经取得了长足的发展，整个大湘西旅游圈（湘西、黔北铜仁、鄂西、渝东）的发展会更好，而这一区域拥有川渝、湖北、湖南的游客市场会有大发展。

三是国际性景区 IP 区域。目前，湖北拥有武当山古建筑群、明显陵、唐崖土司城遗址、神农架等世界文化 / 自然遗产，另有中国明清城墙、黄石矿冶工业遗产等列入考察清单的资源。但真正具有世界级影响力的就是武当山和神农架。疫情结束后，国际性景区 IP 会率先恢复，重点扶持这些区域的产业会优化升级，服务更进一步，这就是未来湖北旅游的名片，这需要特别的关注、重点的扶持。这一策略与汶川大地震之后，四川用大熊猫作为IP进行重点宣传，是有异曲同工之妙的。

### （五）应当积极申请各部门及各项优惠政策，加大对湖北文旅产业的支持力度

目前，部分疫情不严重的省份已经在开始积极地恢复生产了，随着湖北境内“应收尽收能治尽治”的原则，相信到3月，湖北的疫情会迎来巨大转折，如果顺利的话，在4月，湖北的疫情就能够得到控制，甚至可能出现病例零增长。但给出一个缓冲时间的话，很可能需要到5月才能彻底控制住，那么6月左右，湖北就能够开始恢复生产了。

而本次疫情中，受灾最严重的就是湖北的文旅产业了，基本全部停工。其他省份已经陆续开展减租、减税、降费、降息、补贴等政策，力图提振文旅产业，浙江出台了“浙六十条”，湘西也有“1+1”等促进旅游发展的条例。等到湖北省的疫情结束的时候，其他各省的旅游提振措施必然已经将疫情后的第一波游客收入囊中了。

因此湖北在疫情得到控制后，应当向国家的各个上级主管部门申请相应的优惠政策展开复工，在文旅方面，不仅要得到文化和旅游部的支持，最好是得到交通运输部的相应支持，在湖北展开一段时间的自驾游高速免费政策，目前来看，自驾游高速免费政策是现阶段刺激本地旅游市场发展得最好的策略之一。其他针对文旅企业的优惠政策，也是多多益善。

## 三、湖北的文旅企业能做什么？

### （一）要思考怎么活？谁能活？谁会死？

湖北的文旅企业都要思考活下去的问题：怎么活？谁能活？谁会死？

2020年对于湖北的文旅企业来说是非常艰难的一年，不仅是因为当前疫情影响最大，而且还会让人在疫后对湖北的旅游存有一定的疑虑。因此活下

去就是留给湖北文旅企业必须思考的问题。

（1）怎么活？

首先要综合衡量，企业是活下去好，还是关闭了更好。如果本身经营已经举步维艰，在大浪潮下难以存活的，比如在民宿业里，部分后进入者，租金很高、渠道不行、人力成本又高、管理水平又低，那么止损也是一条出路。

如果综合评估，认为企业还是有优势，能够顺应市场存活下去，也能够获得相应的利润。那就要思考，自己应该怎么活下去的问题。政府的政策肯定会落实下来的，降税、降费、减息、减租会有一部分落到各家文旅企业的头上，但是经费最大的困难还是要自己扛的，最大的问题就是缺钱，那么就要思考企业怎么活下去？如果湖北的疫情能够在4月底彻底控制住，5月能够恢复生产。2月即将过去，3月、4月还需要扛，5月也不会一下子就恢复到巅峰，那么湖北的文旅企业就要考虑，至少还要有三个月的资金怎么来，怎么扛过去？现在银行停摆，也很难贷到款，房地产市场冻结，也很难通过房产变现来筹措资金。那么未来3个月的资金问题就要好好想想办法了。

小型的文旅企业，可以通过民间借贷的方式解决一部分的资金。部分文旅企业也在做门票及行程的打折预售从而回笼资金，这些都是办法，活下去是目的，过程都很艰辛。

还有一些文旅企业要思考，现在的股权是不是可以转让一部分出去引入一些战略合伙人，变成现金，从而撑到恢复生产的时候。

文旅企业可以跟各方面洽谈，能赊的赊一赊，能欠的欠一欠，能借的借一借，该减的减下去，能腾挪的挪一挪，让企业扛到5月、6月，还是有希望活下去的。毕竟市场还在，企业减少了，各自分到的份额会多一点点。

（2）谁会死、谁能活？

如果自己企业能活下去，就要好好想一想，行业里面，谁会死、谁能活。大型的文旅投资公司尤其要思考这个问题，哪些企业会熬不下去，哪些企业还能存活。从文旅的各个行业来说，大型酒店背靠大资本、大集团，一般情况下会好一些。中型连锁酒店，如果是成长型，背后没有资本支持，资金链很容易断裂，它们很可能活不下去。中小型单体酒店，就是八仙过海各显神通了，看它的经营者资金情况，但在大背景下，肯定有一批倒下的。旅行社受到的冲击最大，尤其是一些主题型 / 深度游的中小型旅行社，遭遇退订之后，自有资金又压在别人手里，资金断链的可能性很大。一些大型的旅行社，因为经历过类似的风雨，一般而言，还是可以撑过去的。湖北的大部分景区其实目前并没有非常大的危机，因为仅仅是损失一个春节的收入，2 月、3 月、4 月属于淡季，大部分的景区是从 5 月开始才进入旺季，因此目前还没有对景区有本质上的冲击。景区要到 5 月以后，才会真正考虑活不活下去的问题，以及谁能活下去的问题。

### （二）行业互助，救伙伴，就是帮自己

旅游行业都不是孤零零的，景区、酒店通过 OTA、旅行社获得游客，OTA、旅行社又因为代理景区、酒店而获利，一荣俱荣，一损俱损。供应端的景区、酒店倒闭，代理端的 OTA 与旅行社会失去优质的供应端资源，旅行社倒闭，也会影响到景区酒店的游客渠道。景区周边的酒店倒闭，会影响到景区的整体体验。

所以，在行业如此紧密合作的产业链中，如果有长期合作、知根知底、值得信赖的行业伙伴，在自己企业还有余力，又力所能及的情况下，可以进行行业互助，或者是暂缓债务，或者是提供一定的支持，这些未来总归会在往来业务中得到体现。在政府的帮助有限的情况下，行业互助能够精准地帮到合作伙伴，是一条比较清晰的道路。行业里，帮伙伴，就是帮自己，因为行业脆弱，很难说下一茬会不会发生。

### （三）做好存量市场布局，做好本地市场

弄清楚谁会活？谁会死？了解未来 1~2 年企业的竞争格局，能够清楚地知道未来自己能抢到多少市场份额。

为什么需要关注重点的区域，诸如武当山、神农架，以及武汉周边、鄂西区域，就是因为在存量市场中，客流量和资本更容易向知名的大 IP 区域聚

集，会向市场所在及新兴的区域聚集。类似武当山、神农架这样的区域，本身作为强 IP，以往是很难有机会让外来投资低价大举介入的，疫情结束后，这些拥有国际性区 IP 的区域，也会出现文旅的危机，这就是最好的介入时机了。未来可以发展出国际 IP 引流，周边区域综合产业消化流量，形成良性的区域文旅发展模式。

在存量市场中，仍有余力的文旅企业一定要集中精力投入优质的 IP 和优势的市场上，作为湖北流量集中地的武当和神农架，确实是拥有非常好的旅游 IP，是可以进行有益拓展的。

深度游、主题游在本次疫情中受到了池鱼之殃，未来它们的大趋势不会变化，在存量市场中，它们未来会是有增长的潜在企业，如果有实力并购，它们会是不错的发展项目。

中档价位的连锁型酒店，符合未来发展趋势，也是可以重点留意的，存量市场中它们会有一段较好的生存舒适期，因此如果有这样的企业，是可以放心地投资或者扶持一把的。

存量市场竞争是对未来的判断，在疫情突发的情况下，找到未来存量市场中的优质标的，去进行投资，就是对未来的保障。

还有就是做好本地市场，因为至少一年内，本地市场才是湖北文旅的救命稻草，所以把本地市场激活并把握好本地市场，是一年内非常重要的任务，不要本末倒置。

### （四）握紧拳头，重点打造经典项目

疫情防控期间，很多是“误杀”，疫情后，真正的洗牌才开始。湖北的文旅企业更是如此，未来湖北的文旅企业需要更加注意，握紧拳头，重点打造经典项目才是真正的趋势。

目前湖北有很多的文旅集团，旗下的景区也不少，旅行社、酒店也有一些，甚至还有少量的盈余资本，可以再投一点小项目。但是这些景区、旅行社、酒店都在各个领域中不算突出，没有经典项目的大品牌，也没有形成完整产业链的品牌区域，产业系统性与完整性不足。

未来就需要握紧拳头了，文旅集团需要重点投资，重点打造，需要用资本、用管理，探索出一个到几个经典项目。投资越分散，精力越被牵扯，到最后，越难整合。没有经典项目，没有产业链的良好互动，一手牌也迟早会烂在自己手里的。

### （五）梳理内容，创新产品

疫情迟早会过去，文旅的大趋势依然在滚滚向前，未来的竞争就是内容体系，产品创新。湖北的文旅企业也是如此。

疫情还未结束，湖北的文旅企业，如果能够活下去的，就要开始梳理自己的内容体系了。消费升级与新生代崛起的大趋势下，自己的文旅项目，是否形成了体系化的内容，这些内容是否符合消费升级的趋势，是否符合新生代消费的口味，如果不是，那就要重新梳理内容体系，进行内容的创新。内容不仅是 IP，内容是根基。内容体系建立之后，就可以根据需要凝练 IP，根据需要融合热点。要创新产品，创新出符合消费升级和新生代需求的产品。企业一定要根据大趋势，谋划疫情结束后的相关产品，从而适应未来市场的需要。

### （六）鄂旅投等龙头企业应该发挥带头作用，整合升级湖北文旅产业与资源

行业需要龙头企业的带头发展，诸如鄂旅投、三特索道这样的湖北文旅企业的龙头企业应当发挥带头作用，在湖北文旅行业艰难的时候，应当积极整合湖北的文旅产业与资源，借鉴曲江文投与江西文旅的道路，可以利用定增、扩股、ABS 等多种资本手段，将优质的旅游资源进行整合，力争在中部地区利用优质的旅游资源打造出响当当的品牌出来。而已有的知名旅游景点，应该创造世界竞争力带领全省往前走，湖北的龙头文旅企业应当抓住这个机遇进行发展，形成湖北文旅企业的竞争力体系。

## 小结

时至今日，全国的疫情已经大大缓解，复工的号角已经吹响，湖北会要晚一些，但是疫情终将过去。湖北的疫情最重，其文旅受创也会是最重的，湖北要把握好疫情结束后的文旅发展形势，有的放矢地布局，才能将损失降到最低，并以此为契机，进行更快更好的发展。

# 第十九章　广西：旅游格局之殇

广西旅游，总会被人有意无意地忽略，西南三省的云南、贵州、广西中，云南旅游一直享誉全国，贵州旅游在近4年里异军突起，虽然改革开放之初广西旅游就有“桂林山水甲天下”声名在外，但其发展却一直慢慢吞吞，虽然近年来旅游人数增速均保持在全国平均水平之上，但是相对于整个西南三省来说，广西旅游无论从旅游规模还是旅游增速来看，都不尽如人意。

首先可以看看广西、贵州、云南三省的基本情况，从表19-1可以看到三省的陆地面积中云南较大，广西与贵州相仿；但是人口方面，广西与云南相仿，贵州比其他二省少了约1300万人口；三省的GDP相仿，贵州略少；人均GDP方面广西略少，与贵州、云南的差距在4000元左右，总体都在40000~50000元。所以从经济、人口等方面看，广西、贵州、云南三省大致相仿，差别不大。

**表19-1　广西、贵州、云南的陆地面积、人口、GDP、人均GDP概况**

| 省份 | 陆地面积 | 人口 | GDP | 人均GDP |
|---|---|---|---|---|
| 广西 | 23.76万平方千米 | 4960.00万人 | 21237.14亿元 | 42964元 |
| 贵州 | 17.62万平方千米 | 3622.95万人 | 16769.34亿元 | 46286元 |
| 云南 | 39.41万平方千米 | 4858.30万人 | 23223.75亿元 | 47804元 |

注：作者根据2019年广西、贵州、云南相关数据统计整理而成。

西南三省的经济、人口相仿，资源方面也各有特点，但是从旅游人次、旅游人次年均增速、旅游总收入、旅游总收入年均增速来看，从2015—2018年，广西的相关数据都是落后于贵州、云南的，尤其是在增速方面远远落后于贵州、云南（见表19-2），这种情况到2019年才略有改善。西南三省的人口、经济、资源情况相差不大，而且西南三省的主要市场都是华南市场，广东市场是基本盘，广西区位离广东比云贵还要近一些的情况下，为什么广西旅游却表现得不好呢？广西旅游与贵州、云南的差距在哪里？

表19-2 2015—2019年广西、贵州、云南旅游人数、旅游收入情况

| 年份 | 省份 | 旅游人次（亿人次） | 年均增速（%） | 旅游总收入（亿元） | 年均增速（%） |
|---|---|---|---|---|---|
| 2015 | 广西 | 3.37 | 17.8 | 3254.20 | 25.1 |
| | 贵州 | 3.76 | 17.1 | 3512.82 | 21.3 |
| | 云南 | 3.34 | 11.2 | 3281.79 | 23.09 |
| 2016 | 广西 | 4.09 | 19.9 | 4191.36 | 28.8 |
| | 贵州 | 5.31 | 41.2 | 5027.54 | 43 |
| | 云南 | 4.31 | 29 | 4726.00 | 44 |
| 2017 | 广西 | 5.23 | 29 | 5580.00 | 33.1 |
| | 贵州 | 7.44 | 40.1 | 7116.81 | 41.6 |
| | 云南 | 5.67 | 32 | 6900.00 | 46 |
| 2018 | 广西 | 6.83 | 30.5 | 7620.00 | 7.08 |
| | 贵州 | 9.69 | 30.2 | 9471.03 | 33 |
| | 云南 | 6.64 | 17 | 8450.00 | 22.5 |
| 2019 | 广西 | 8.70 | 28.4 | 10241.44 | 34.4 |
| | 贵州 | 11.36 | 17.2 | 12321.81 | 30.1 |
| | 云南 | 8.00 | 17.4 | 11035.20 | 22.7 |

注：作者根据广西、贵州、云南三省历年国民经济与社会发展统计公报整理而成。

2015—2018年广西、贵州、云南旅游人均消费及年均增速情况如表19-3所示。

表 19-3　2015—2018 年广西、贵州、云南旅游人均消费及年均增速情况

| 年份 | 省份 | 旅游人均消费（元） | 年均增速 |
|---|---|---|---|
| 2015 | 广西 | 966.76 | — |
| | 贵州 | 934.26 | — |
| | 云南 | 981.98 | — |
| 2016 | 广西 | 1024.78 | 6.0% |
| | 贵州 | 946.81 | 1.2% |
| | 云南 | 1096.52 | 11.7% |
| 2017 | 广西 | 1066.92 | 4.1% |
| | 贵州 | 956.56 | 1.0% |
| | 云南 | 1216.93 | 10.9% |
| 2018 | 广西 | 1115.67 | 4.6% |
| | 贵州 | 977.40 | 3.2% |
| | 云南 | 1272.59 | 4.6% |
| 2019 | 广西 | 1177.18 | 5.5% |
| | 贵州 | 1084.67 | 10.9% |
| | 云南 | 1379.40 | 8.4% |

注：作者根据广西、贵州、云南三省历年国民经济与社会发展统计公报计算整理而成。

本章通过文献法对市场调研收集的资料进行整理，将广西旅游与贵州、云南及其他类似地区进行对比分析，来探讨在西南板块的桂黔云三省中，广西旅游发展的差距在哪里？本章主要从旅游格局方面探讨广西旅游与贵州、云南旅游的差距。

## 一、桂林：当年目的地，今日中转站

在广西旅游的格局中，虽然南宁的旅游人次长期占据整个广西旅游的首位（自 1998 年以来一直如此，1998 年前桂林未并市，此前数据未收集到），

但是广西旅游目的地中名气最大的，最能吸引人的一直是桂林。从 2019 年的统计数据看，南宁的旅游人数（1.5 亿人次）虽然超过桂林（1.38 亿人次），但是南宁市旅游总收入（1725.24 亿）却是低于桂林市的（1874.25 亿）。

基于银联商务公司支付通道数据的《广西 2018 年上半年旅游消费大数据报告》[①]显示，广西十大国内旅游客源地城市分别为深圳市、广州市、上海市、佛山市、东莞市、武汉市、北京市、成都市、中山市、西安市，其中广东省的城市占到一半，再加上国际游客中的中国香港，广东及港澳地区是广西旅游国内市场的第一客源地。而广东游客赴广西旅游的首选就是桂林，这对于广西的旅游也产生了巨大的影响。2004 年在交通不发达的情况下，深圳至桂林的 L384 列车的开通，给桂林带来了大批的广东游客，尤其是深、莞、穗的游客，一直影响到现在。而上海、北京、西安、成都、武汉等大城市也因铁路交通便捷的原因，往往将赴广西的第一目的地选择在桂林。桂林是广西旅游当之无愧的名片。桂林市的成立就是为了发展旅游业，桂林也因为尼克松访华等一系列事件蜚声海外，在交通不便的年代里，桂林既是游客赴广西的第一旅游目的地，也是旅游终点站，桂林旅游的发展也代表了广西旅游的最高水平。

但当全国经济水平进一步提升，尤其是自驾游、高铁游兴起后，单一目的地旅游就不再是主流方式，多目的地旅游开始成为潮流。尤其是人们生活水平提高后，虽然人们还会习惯性地选择桂林为一个目的地，但接下来往哪里走，就成为影响广西旅游格局的大问题。广西的旅游版图中，名气最大的是桂林，首先承接外地旅游者的也是桂林，而第二位的就是南宁，但要让桂林和南宁形成互动则非常困难。因为桂林处在东北部，南宁则处于广西的西南部，桂林距离南宁间行车约 400 公里。如果从桂林继续往西北方，一出桂林就进入了黔东南，黔东南拥有凯里、榕江、丹寨、锦屏、施秉、镇远等非常密集的旅游地，直到贵阳。相比桂林朝向南宁方向，沿途的精彩程度不可同日而语，游客的选择也就不难理解了（图 19-1）。

---

① https://www.sohu.com/a/239486325_100007840《广西 2018 年上半年旅游消费大数据报告》.

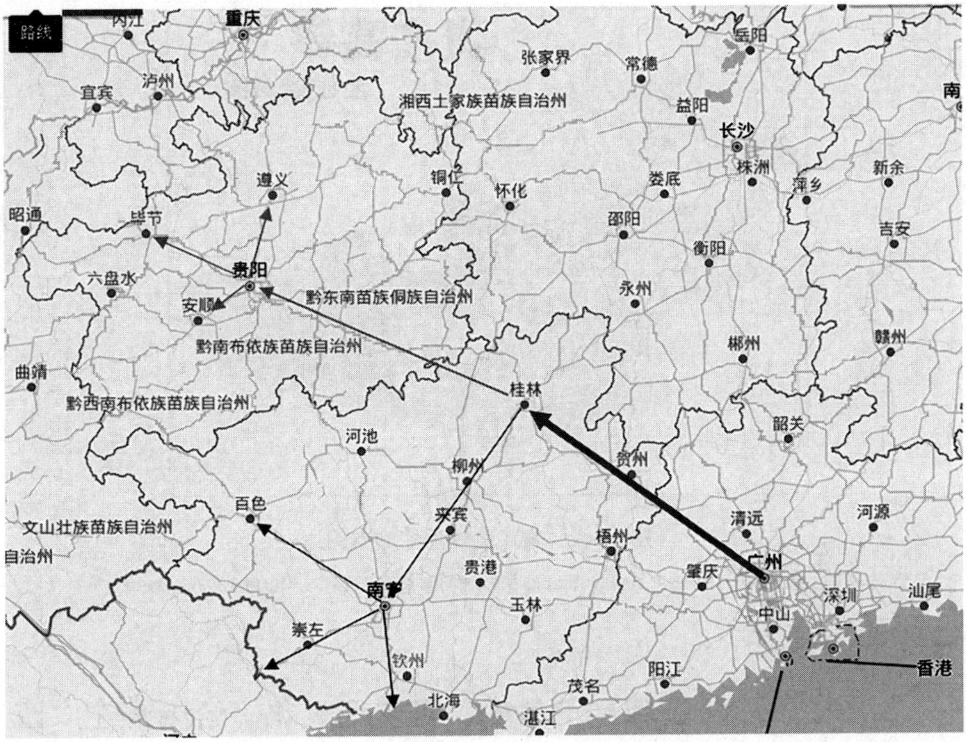


**图 19-1 珠三角游客赴桂林后的可能流向图**

注：作者自绘。

过去贵州的交通不方便，自然人们不会选择入黔，但从 2013 年以来，贵州的交通大改善，从桂林到贵阳就成为顺道的选择，桂林就由广东游客以往在广西境内的终点站，华丽地成为广东游客到贵州经过的中转站。2014 年贵广高铁的开通，更使全国的其他游客在到达桂林后，2 小时左右就能到达贵阳，桂林成为广大游客奔赴贵州，而非奔赴广西其他城市的中转站（图 19-2）。

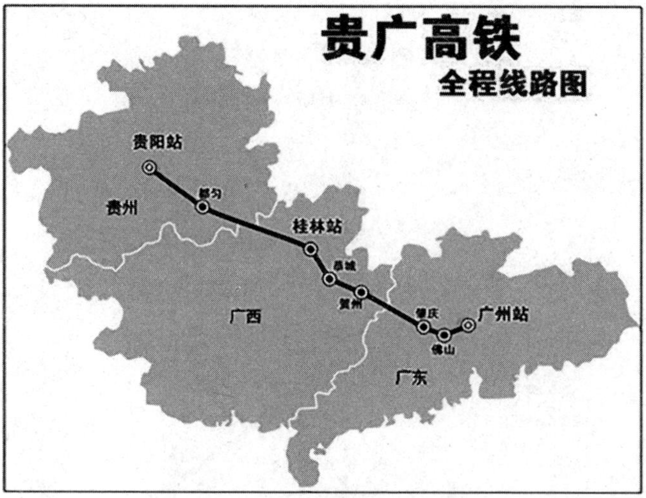


图 19-2　贵广高铁沿线站点图

图片来源：新浪网 . https://k.sina.com.cn/article_6435189473_17f9132e1001002ucj.html.

## 二、优质旅游品牌过于集中，且资源老化，给旅游在广西的全境发展带来难度

广西旅游在全域格局方面与贵州、云南相比的第二个劣势就在于它的优质旅游品牌建设过于集中在桂林市，导致广西其他地区缺乏品牌号召，从而发展举步维艰，难以引流。而集中于桂林的优质品牌资源方面又开始老化，使得全省都受到旅游品牌老化的影响，而新的旅游品牌却迟迟未能建立，处于新老接替，青黄不接的境地。

以 5A 级旅游景区为例，截至 2019 年，从广西、贵州、云南的 5A 级旅游景区来对比，可以发现，三省（州）的 5A 级旅游景区数量差别不大，广西与贵州均为 6 处，云南为 8 处。但是从资源分布与资源类型两方面分析，就可以发现广西的问题了。

从 5A 级旅游景区的资源分布城市可以发现，贵州的 5A 级旅游景区除了贵阳的 2 个，其他都分布较为分散，但大部分（除梵净山）的 5A 级旅游景

区与贵阳这个旅游集散地的距离在150公里以内，能够很好地承载贵阳的客流分流（而梵净山则与重庆、大湘西旅游圈较近，主要接受这方面的游客）。云南的8个5A级旅游景区，除了2个在昆明、2个在丽江，其他也较为分散，且昆明、大理、丽江、迪庆已形成非常好的连续游线，在距离较远的昆明、大理之间，楚雄的文旅发展也起到了较好的填补作用。再来看广西，如果不是2003年崇左市从南宁分出去了，那么广西的5A级旅游景区品牌基本上就被桂林和南宁承包了，而且桂林的5A级旅游景区占到4个，剩下南宁和崇左各一个，也就是说5A级旅游景区品牌资源大头桂林独占，然后西南南宁板块承包了剩下的，广西其他市州无5A级旅游景区品牌，但桂林和南宁之间的距离有400公里，也就是说二者之间流量互通的难度很大。这就是一个非常畸形的5A级旅游景区品牌在省域分布的格局。在全域旅游和自驾游、高铁游的时代，广西在桂林、南宁、崇左以外的各市，失去了利用5A级旅游景区品牌带动区域发展的机会（表19-4）。

**表19-4　广西、贵州、云南三省5A级旅游景区及其所在市（州）**

| 省份 | 城市（自治州） | 5A级旅游景区 |
|---|---|---|
| 广西 | 桂林市 | 乐满地度假世界 |
| | 桂林市 | 漓江景区 |
| | 桂林市 | 独秀峰－王城景区 |
| | 南宁市 | 青秀山旅游区 |
| | 桂林市 | 两江四湖·象山景区 |
| | 崇左市 | 德天跨国瀑布景区 |
| 贵州 | 贵阳市 | 黄果树风景名胜区 |
| | 安顺市 | 龙宫风景名胜区 |
| | 毕节市 | 百里杜鹃风景名胜区 |
| | 黔南布依族苗族自治州 | 樟江风景名胜区 |
| | 贵阳市 | 青岩古镇 |
| | 铜仁市 | 梵净山景区 |

续表

| 省份 | 城市（自治州） | 5A 级旅游景区 |
| --- | --- | --- |
| 云南 | 昆明市 | 石林风景名胜区 |
| | 丽江市 | 玉龙雪山景区 |
| | 大理白族自治州 | 崇圣寺三塔文化旅游区 |
| | 丽江市 | 丽江古城景区 |
| | 西双版纳傣族自治州 | 中国科学院西双版纳热带植物园 |
| | 迪庆藏族自治州 | 香格里拉普达措景区 |
| | 保山市 | 腾冲火山热海旅游区 |
| | 昆明市 | 昆明世博园旅游区 |

而从旅游资源的类别和生命周期来看，广西的这些 5A 级旅游资源也有很大的缺陷。一是乐满地度假世界作为最早的一批主题公园，现在已经走到了旅游地生命周期的停滞阶段，品牌影响力已经大大下降，难以形成强大的召唤力。独秀峰 - 王城景区在广西师范大学内，其发展受到周边条件限制，其他各类旅游设施和旅游服务配套都难以配备，发展潜力几近于无。而两江四湖 · 象山景区是由市政工程两江四湖整治后的公园与象山景区一起形成的 5A 级旅游景区，这个城市亮化工程如果放在 10 多年前，确实有一定的轰动性，但放在现在几乎每个沿江城市都有类似的景观，已经平淡无奇了。而象山景区则太过于小，没有其他发展潜力。所以，广西的 6 个 5A 级旅游景区品牌，在桂林市的 3 个几近于废。

而从旅游景区的类型来看，除了乐满地景区之外，广西的 5A 级旅游景区类型几乎全部是山水型，山水景观在观光旅游的时代比较流行，在现在所处的休闲时代，纯粹的观光型景区就显得单调了。

根据《2019 年 3 月广西旅游行业数据报告[①]》的广西十大最受游客喜欢旅游目的地可以发现，许多实际受到游客喜欢的旅游目的地或者景区，又非常遗憾地没有进入 5A 优质品牌之列，难以为地方带来引流效果。比如，北海的

① 2019 年 3 月广西旅游行业数据报告 . http://wlt.gxzf.gov.cn/zwgk/sjfb/t2235839.shtml.

涠洲岛、桂林的龙胜梯田、桂林阳朔西街、贺州的黄姚古镇等，都难以利用5A级旅游景区的品牌效应为相应城市吸引客流（表19-5）。

表19-5　2019年广西最受欢迎的大景区

| 序号 | 景区 | 热度指数 | 全网信息量 | 媒体报道量 |
|---|---|---|---|---|
| 1 | 漓江景区 | 4.62 | 54378 | 17378 |
| 2 | 涠洲岛 | 3.28 | 71402 | 10631 |
| 3 | 象山景区 | 2.55 | 22334 | 10288 |
| 4 | 桂林世外桃源旅游区 | 2.19 | 12789 | 9166 |
| 5 | 德天瀑布景区 | 1.78 | 20695 | 6487 |
| 6 | 龙胜龙脊梯田景区 | 1.36 | 11170 | 5192 |
| 7 | 黄姚古镇 | 1.14 | 14372 | 4110 |
| 8 | 十万大山国家森林公园 | 1.06 | 11745 | 3651 |
| 9 | 银滩 | 1.03 | 8082 | 3999 |
| 10 | 青秀山风景区 | 1.02 | 10528 | 3799 |

从三省的世界遗产地的分布，同样能看到这样的现象。一方面是广西的世界遗产地较贵州、云南来说少了许多（说明广西在世界遗产申报方面的努力远远落后于贵州、云南）；另一方面是遗产地的分布，同样是与桂林、崇左这样的5A级旅游景区地相重叠的（表19-6）。

表19-6　广西、贵州、云南三省世界遗产及其所在市（州）

| 省份 | 城市（自治州） | 世界遗产 |
|---|---|---|
| 广西 | 崇左市 | 左江花山岩画，包括宁明县和龙州县遗产区、龙州县遗产区、江州区及扶绥县遗产区 |
| | 桂林市 | 中国南方喀斯特第二期，桂林漓江峰丛 |
| | 河池市 | 中国南方喀斯特第二期，环江 |

续表

| 省份 | 城市（自治州） | 世界遗产 |
|---|---|---|
| 贵州 | 遵义市 | 土司遗址，贵州播州海龙屯遗址遗产区 |
| | 黔南布依族苗族自治州 | 中国南方喀斯特第一期，贵州荔波喀斯特 |
| | 黔东南苗族侗族自治州 | 中国南方喀斯特第二期，贵州施秉 |
| | 黔南布依族苗族自治州 | 中国南方喀斯特第二期，环江 |
| | 遵义市 | 中国丹霞，赤水遗产区 |
| | 铜仁市 | 梵净山 |
| 云南 | 昆明市 | 中国南方喀斯特第一期，石林 |
| | 红河哈尼族彝族自治州 | 红河哈尼梯田文化景观 |
| | 丽江地区、迪庆藏族自治州、怒江傈僳族自治州三个地州 | 三江并流保护区 |
| | 丽江市 | 丽江古城，包括白沙古镇遗产区、束河古镇遗产区、大研古镇遗产区、黑龙潭遗产区 |
| | 玉溪市 | 澄江化石遗址 |

注：根据世界文化遗产相关资料整理，整理人刘杰武。

## 三、热在边缘，中心塌陷，没有担当重任的中继地旅游城市作为串联

广西旅游面临的更难的形势是，广西的旅游资源大市基本位于广西壮族自治区的边界地区，南宁、崇左在西南边界，桂林在东北边界，河池在北面边界，北海在南面边界……这就导致像河池、桂林这样的城市，即使能够作为门户城市吸引来游客，也很难让游客往广西其他地方分流，却很容易让他们流出广西，去往贵州、云南。

从旅游区位上看，最关键的就是作为旅游集散地的桂林与南宁分列东北与西南，相互之间流量难以分享，而在中部却出现坍塌，没有一个类似贵阳那

样的能够让游客中继分流的城市。广西中部三市——柳州、来宾、贵港中，唯一一个拿得出手的城市是原来的重工业城市柳州。近年来，柳州螺蛳粉的网络热度逐渐升温，柳州旅游有一定发展但是其旅游业的水平远远达不到作为一个中继旅游地的水平。柳州一方面受到重工业城市形象的拖累，另一方面缺乏5A级旅游景区及世界遗产一类的旅游品牌，本身的风雨桥、三江侗乡等品牌开拓不足，使柳州很难成为整个广西的集散城市，2019年5000多万人的游客量，跟南宁、桂林相比，完全不是一个量级，只能与河池、北海、崇左等排排坐了。

广西旅游热在边缘，却中部坍塌，柳州、来宾、贵港三市没有一个能够撑得起大局的世界级/国家级旅游地，就使广西旅游各市之间难以形成串联，南宁、崇左、百色、河池、钦州、北海形成的西部板块，与桂林、贺州、梧州形成的近广东市场的东部板块之间缺乏中间联系的调度（图19-3）。

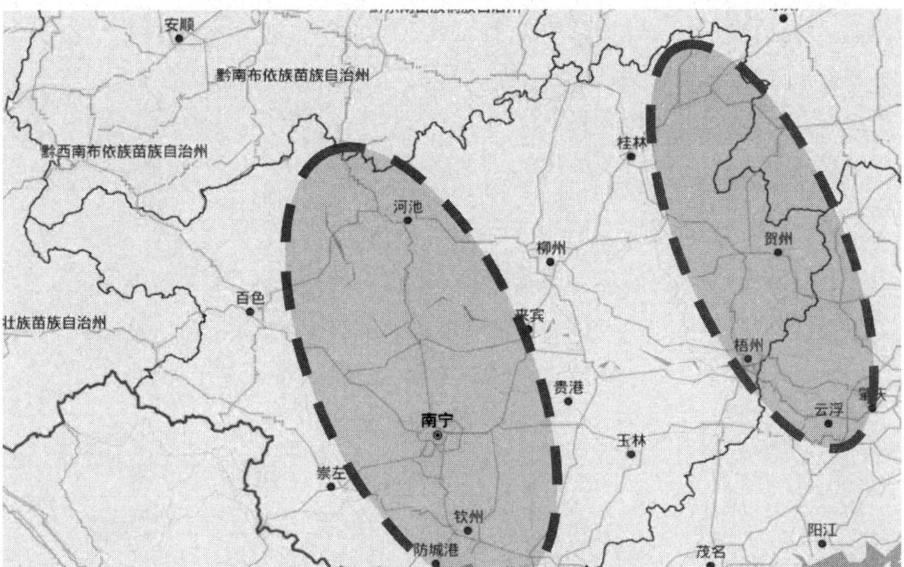


**图19-3　边缘火热、中部坍塌的广西旅游格局**

注：作者自绘。

如果广西旅游不能实现中部崛起，那么东西两端就难以兼顾，边缘旅游发展得再旺，也很容易让这些闻讯而来的游客，流向省外，这就是边缘火热，中间坍塌的直接后果。

**小结**

广西旅游已经沉寂了太久，从云南、贵州这两个相邻省份中，广西旅游可以找一找自己的发展差距，首先我们看到的就是在旅游格局上的差异，这种差异直接导致了广西旅游现在散、弱的局面。

# 第二十章　江浙地区：有声有色的特色小镇与乡村振兴

在全国许多地方考察过诸多特色小镇和乡村振兴的项目，发现全国的特色小镇热潮源自江浙，而各地连接的田园综合体也是从江浙地区走出来的，名声在外的乌镇、拈花湾、莫干山、田园东方、基金小镇、同里、鲁家村……从样板到全国推广，处处走在全国的前列。

为什么江浙的特色小镇与乡村振兴有声有色？为什么除了江浙之外，许多地方的特色小镇与乡村振兴却画虎类犬？本章从人、市场、产业、发展路径与体制五个方面来详细分析。

## 一、人：精致的人有精致的生活

2012 年的《中国国家地理》第一期为浙江专辑，开卷语就是“因为有了她，中国才精致起来”。这句话不仅可以用在浙江，也可以用在今天我们所说的江浙地区。江浙自古繁华，历史以降，自汉末始关中衰落、中原频乱，江南崛起，而江浙就是江南的核心。繁花似锦，魏晋风流、家学世风、吴侬软语，自古繁华地、世代传承风，造就了江浙的“精致”，人是“精致”的，生活是“精致”的。

江浙人是“精致”的，不论生活贫穷富贵，人却始终活得“精致”，江浙人会在意自己的外部形象，会把自己整理得体面，头发一丝不苟，皮鞋一尘不染，衣服行头干净利索，从容优雅，自带气质。

江浙人“精致”，生活更是“精致”，吃喝玩乐居，从小处透着精致。吃喝玩乐自不必多说，“淮扬菜”名满天下，出奇的精细，八大菜系苏菜、浙菜位列其中；越剧、昆曲、评戏、杨剧、苏剧……抑扬顿挫、百转千回、声声入耳；“日出江花红胜火，春来江水绿如蓝”“千里莺啼绿映红，水村山郭酒旗风”，江南姿色迷人，自魏晋始江南人对山水就钟爱不已。

江浙人的精致生活也浸透在居所方面，一栋栋村居在江浙，能呈现不一样的味道。村居，如果是放在广东，首先考量的是建高些、再高些，丑没关系，楼层够高面积够大就能多收房租，拆的时候也能补偿多些；如果放在中原地区，那就是尽量满足生活需求，可以放更多的粮食、更多的杂物、如果能把菜也种在村居周边是再好不过的事；但放在江浙，同是村居，首先想到的就是要精致美观，要生活舒适，小二层或小三层的别墅，门前花植，屋后花园，美不胜收。江浙不会为了一点房租，委屈自己跟租户住在一栋楼里，也不会为了功能大全，啥都往房子里放。村居别墅就是门脸、就是面子，精致漂亮是要务。因此我们能在全国其他地方看到一模一样的别墅，标准化的房子，而在江浙，即便初建时房子是标准化的，各家也会根据自己的审美去改造、去装饰、去美化，最后展现出个性。

以往，我们常常谈到日本的乡村如何秀丽？德国的乡村如何美丽？其实我们很少想过，在这些美丽背后的是人，遵守了规范的日本人成就了日本乡村之美，严谨持重的德国人成就了德国乡村之丽。作为规划师，在特色小镇和乡村振兴的时候，规划都是漂亮的，设计都是优美的，为何落地下去却千差万别？这背后更多是人的因素，其中首先就是小镇或村里人的形象与习惯，特色小镇与乡村振兴做得好的地方，首先进行的就是镇约与乡约，要让人得体，要让人文明，否则建设出来的只是一堆漂亮的外壳，该吐痰的还吐痰，该骂架的还骂架，该加盖的还加盖，物质空间之美也会逐渐失去……

而江浙人自古精致、生活精致，在很多的小镇乡村中，即使比照日本，也自有风情，这是江南的味道，声色优美人优雅。在这里形成的特色小镇和美丽乡村，因为人的不同而相约守望，最终形成美丽的景观。

## 二、市场：精致的人形成的精致市场

不仅要有精致的人，还要有消费精致生活的市场，对这些精致的创造产品有人消费，才会有源源不断地保持和开拓的动力。以两个乡村旅游项目为案例，一个是蓝城农业，另一个是莫干山，可以看到这背后的力量。透过花样繁多的操作手法、名目众多的各类概念、博大精深的各项政策，还要看到本真，我们要看到的是江浙这个特殊的消费市场，一个精致人群形成的精致市场。

先说说蓝城农业，作为蓝城地产旗下的农业公司，据说其农业种植本身已经基本可以实现自我造血，其产品已经能够让公司盈利。根据 2018 年其蓝城超市流出来的价格，公司种植的稻米能够实现稻谷 1.75 元 / 斤，精米能够卖到 20 元 / 斤；蔬菜类，其中引种的番茄能够达到 188 元 /5 斤。这一价格放在当时其他地方都难以想象，因为同样的有机农业的产品，在深圳顶级的超市中，也不超过 20 元 / 斤的。江浙地区总体的市场消费能力不一定比深圳高，但属于精致市场，对于精致市场而言，精致的产品是受欢迎的。蓝城一直在倡导新生活理念，比如“桃李春风”小镇的过亿元一套的中式园林别墅等，而且一直有一批蓝城新生活理念的追随者，在锲而不舍地追捧这种生活。其实与其说蓝城在倡导新生活理念，不如说它在孜孜不倦地挖掘与服务江浙的这个精致生活的市场，这个市场一直存在，源于魏晋，承于唐宋，兴于明清，盛于当前，源远流长。

莫干山也是如此，并不是十来年前新开发了莫干山，而是它一直就存在，只是精致的市场再次想起了它而已。莫干山是民国时期中国四大避暑胜地之一，得名源远，一直是文人墨客踏青之所，及至近代，又留下数百栋别墅，民国时期蒋介石亦有府邸于此，只是新中国成立之后逐渐衰落。十余年前，当外来商人将旧宅改建，形成精品民宿后，迅速得到江浙市场的响应，对于一间民宿一晚上三五千元的消费，也只有愿意为精致生活埋单的江浙地区才能支撑得住。主类产品，也才有了后来莫干山民宿的大规模开发。

江浙这种精致市场，也影响着在这片土地上诞生的企业。同样是经济发达的地区，从广东出来的地产企业，比如万科能把建筑空间做到极致，用万科自己的话说“万科在住宅领域的空间核算研究已经领先其他房企十年以上”；碧桂园能把地产的运营施工销售做到极致，拿下土地后三个月搞定项目常有发生，但他们做不了精致生活的地产，因为他们有资本逐利的本性，却缺乏精致生活的基因，也没有能够支撑他们的精致市场。而江浙却恰恰有这些，江浙有这些精致的人，有这些对生活的精致追求，从而构成了一个精致的市场，人们愿意为精致生活而埋单。或许在别的地方只是一次性的冲动性消费，而在江浙，这是生活常态。

现在全国各地都在建设特色小镇，在做乡村振兴，很多游客过去旅游是为景点而埋单，但是恰恰是江浙，人们过来是为了享受生活，这就是精致生活的一部分，所以市场是不一样的。因此，在学习江浙建筑空间与外形的时候，不妨看看项目所处的市场属性再去埋头苦抄！想一想是否具有一个精致的市场，或者是否能够引导培育一个精致的市场？如果不可以，那就要寻找自己市场的特色，进行适应自己市场的特色开发了。

上两节从精致的人有精致的生活、精致的人形成的精致的市场两个方面谈了为什么江浙的特色小镇与乡村振兴做得有声有色，下面笔者将从服务型政府、镇域经济、能人治理三个方面来分析为什么江浙地区能把特色小镇与乡村振兴发展好。

## 三、政府：服务型政府服务于精致群体

江浙古来为天下富庶之地，多诗书之家、仕宦之家，自科举考试兴起，不说隋唐宋元，仅仅明清两代，浙江的进士已达到6505人，江苏的进士达到5926人，且从图中可以看到集中分布于江浙一带。这些精英群体到一定年龄后，或贬谪或致仕回乡，构成了江浙的开明绅士与致仕贤臣群体，盘根错节的上层关系、水平极高的读书群体加上高度发达的经济水平，使得江浙地区的政府，自古以来就是服务型政府，虽然以往服务的是这些特权阶层、精致群体，但现在服务的则是江浙的精致群体。

何以见得？从一则故事可以看出，那就是第一批台商如何选定昆山的。据说第一批台商到此之前，去了东莞、长沙等地考察，最后一站便是昆山，但到昆山考察时，发现昆山又小又破，本来准备直接打道回府，这时候车开到了一个小巷中，迎面驶来一辆当地政府的小汽车，进退维谷之际，只见这辆政府的小汽车主动后退，让出道路，这让这批台商心生感慨，因为考察了多个地方，只有昆山是政府车辆主动给非政府车辆让行的，见微知著，这个不经意间的举动展现出了一个服务型政府的态度。后来通过进一步详谈，台商便确定了投资意向，并带动了其他台商进一步投资，从而开启了昆山的传奇。

这虽然是一个故事，但也体现了江浙的服务型政府的传承。而在真实的故事中，据第一批落户昆山的台商吴礼淦讲述，当时昆山政府每天派一组人员在上海虹桥机场接机大厅“守株待兔”，向海内外客商吆喝“昆山”，许多台商就这样被拉到了昆山。可见与同时期其他地方政府不同，江浙的政府是主动出击主动服务的，体现了不一样的服务。

在特色小镇与乡村振兴的建设中也是如此，江浙的政府在特色小镇与乡村振兴中也是承担了重要的服务作用，不做死样板、不走死流程，能够在流程内有创新。以乡村振兴的典范浙江安吉鲁家村为例，鲁家村在乡村振兴之初一穷二白，据其书记朱仁斌讲述，接手之初村里集体经济仅有 1.8 万元，负债却达 150 万，因此筹措资金成为重大的问题，在此过程中，由村集体向交通、水利、环保、体育等部门申请了至少 600 万元资金，其中水利部门申请的河道整治资金被用来做河道美化及水景，交通部门的资金做好了村内的旅游交通与自行车道。一个服务型的政府，让这些利用成为可能，不仅通过了验收，还大大鼓励表扬鲁家村的做法，这些灵活运用建设起来的基础设施为鲁家村乡村振兴奠定了坚实的基础。

自古以来的服务型政府意识，让民众也信任政府，这种相互之间的信任使得政府在管控方面能够入微，这样形成了良性互动，对于现在的特色小镇和乡村振兴而言，其实是减少了巨大的制度成本，因为信任本身就是降低交易成本的重要方式。在鲁家村发展之初，获得的第一笔资金就是美丽乡村奖励资金，“县里每人奖励1000元，镇里每人奖励700元，共计奖励357万元”。这笔资金没有被直接发给村民花掉，而是在获得村民认可的前提下，被用于鲁家村的启动建设，服务型政府与民众之间的深厚信任促成了这件事情，让启动成为可能，没有这种信任与纽带，这件事情很难办成，这也是其他地区想学习鲁家村，却很难成行的原因。

## 四、镇域：镇域经济在地发展显成效

近来有朋友与笔者探讨：“乡村振兴、特色小镇，怎么样能够留住人，特别是人才？大城市总是汇聚了大量的工作机会，还有教育、卫生等稀缺资源，人流是从农村流向城市，从小城市流向大城市。农村大多留下的是老人，小孩，年轻人都出去打工了。”

为什么这些事情并未更多地发生在江浙地区？虽然不可避免地受到城镇化的裹挟，却最终还能够自成特色？这就与江浙地区的镇域经济发展紧密相关了。江浙自古就是镇域经济发达的地方，周庄、西塘、乌镇、同里、南浔、角直、木渎……江南这些镇的发展历史很多已超过千年，镇域经济一直繁衍不息。

而镇域经济大放光彩，就在改革开放之初了。改革开放之初的“苏南模式”与“浙江模式”有共通点，那就是“以集体经济为主体，以乡村工业为主导，以中心城市为依托，市场调节是主要手段，县乡干部是实际决策人的一种农村经济社会发展模式”，政府主导产业发展，县、镇（乡）、村、大队分级负责，行政命令直接影响产业的布局和发展、引导城镇化的方向和进程，形成的是一种大政府、小城镇的模式。

而镇域经济带来的实实在在的变化就是“离土不离乡、离土不离镇”的在地城镇化，在江浙地区可以看到镇域集体经济非常发达，镇域能够解决乡镇范围内的大部分就业问题，江浙人外出打工的少。这一点不像江西、湖南、湖北、河南这些地方，大量的是外出打工人群，人随业走，对于乡里是没什么太强烈的感情的，即使最近这一波东部制造业转移，又回到这些省份。但大产业不会朝乡镇转，而是朝大城市转，因此这些地方的大城市还会集聚，如果要强行扭转，也是事倍功半。

而江浙的镇域经济到现在，又有了新的发展，那就是充分融入长三角的产业链之中，在国际化分工中找到自己的产业定位。长三角的大城市成为金融中心、研发中心、创新中心、设计中心，而中小城市则成为制造中心，镇域经济则成为产业链的配套所在，比如生产童装的企业，设计中心在上海、杭州、苏州，布料生产、机械支撑在中等城市，而纽扣、丝带一类的企业就在镇域，镇域经济成为整个长三角产业链的配套，随时转型，但又不失发展。同样的旅游休闲也是如此，市场在大城市、中小城市中转，需求渗透进入镇域乡村。良性的发展保证了镇域经济的继续向前，有业便能留人。

生于此、长于此、从业于斯、发展于斯、终老于斯，江浙人也不用经历离土离乡的发展，反而多了对土地与乡里的眷恋，加上千百年的重乡情结、致仕回乡情节、报福乡梓情节，让江浙的镇域不仅能够留得住人，还因为经济发达吸引得来人，这使得江浙的发展具有可持续性。

所以江浙在发展特色小镇与乡村振兴方面，因其镇域经济的良性发展，能够留住人、吸引人，人们也愿意在此长情居住发展，虽天下灯火万家，却愿终老于斯。

## 五、路径：乡土守望的能人长情发展

“离土不离乡、离土不离镇”是江浙镇域经济的特点，更特色鲜明的是乡贤治乡的传统。对精英阶层的尊重、叶落归根的自古承接、造富乡梓的乡土情怀，以及镇乡集体经济的长期熏陶，让能人治村、能人治乡、能人治镇成为可能，在江浙能够找到一大群乡土守望的能人名单，华西村的吴仁宝、乌镇的陈向宏、灵山的吴国平、鲁家村的朱仁斌……

在很多地方，特色小镇、乡村振兴都是一股政策风潮，一波涌过就过去了，而在江浙却是先有了特色小镇、乡村振兴的实质，而后才有的名号。鲁家村成为乡村振兴的典型，归功于村主任朱仁斌从2011年开始就在逐步实践，有条不紊地展开；拈花湾火爆之前是吴国平在灵山二十多年的扎根发展，当时没有特色小镇概念，却在地方带领乡里做着这方面的探索；乌镇是陈向宏十多年的在地实践，从西栅到东栅，从乌镇到乌村，一点点地在地探索。

这些人生于斯，长于斯，在外面受到教育、增长见识，然后回村、回镇引领发展，成为名副其实的能人领军，致富乡里，带动发展。因为生于斯，长于斯，所以对村镇了如指掌；因为乡情守望，所以能够长情发展，不会涸泽而渔；因为在外有成，所以能够将外界的优秀经验模式引入乡梓，而不会局限眼光。能人治村、能人治乡、能人治镇，长情发展、在地开拓、融合发展，这也是江浙地区的特色小镇与乡村振兴能够很好地发展的重要原因。这一点与别的地方有很大不同，比如广东，曾经也是镇域经济，也有一村一品，也有许多村镇能人，但很多人都出走了，很多开拓产业去了核心大城市、去了港澳甚至去了海外，村镇也曾繁华，却难以持久。当然江浙的能人能够在特色小镇与乡村振兴中撑起一片天地，也是与服务型政府紧密相关的。不是管控型政府而是服务型政府，让这些能人有了生存和发挥的空间，加上民众对于政府，对于能人的信任，使这一助力最大限度地发挥了作用，人、政府、产业形成完美的闭环，一步步增进发展。

**小结**

江浙地区的特色小镇有声有色，它跟这里千百年孕育的精致的人有关，与他们对精致生活的追求，从而形成的精致市场息息相关，更与它的镇域经济发展、服务型政府有作为、长情守望的能人推进密不可分，其他地方做特色小镇与乡村振兴，以江浙为模板时，应该仔细地思量，你面对的人是什么样的人？市场是什么样的市场？经济是什么样的经济？政府是什么样的政府？才能够有的放矢地展开，而不会只学到了皮毛，却看不到里子。

# 第三篇

# 热点旅游城市分析

3

# 第二十一章　邯郸：大势下的旅游机遇

（本章写于2016年，当时京津冀城市圈开始形成，邯郸却静静地在圈外等待，特撰写此文给出建议）

关注到邯郸，还是因为叶檀在谈到国内十个最没前途的城市时提到了洛阳，提到洛阳就瞬间想到了邯郸。洛阳是十三朝古都，而邯郸是十一朝古都。这些在中国历史上叱咤风云的地区，如今却不约而同地面临衰落，发展转型成为其共同的话题。在2015年洛阳艰难地保住了全省第二，邯郸堪堪保住全省第四，而2016年京津冀协同发展带来的是保定在2016年注定超越邯郸，邯郸的未来发展堪忧。

## 一、邯郸的旅游区位分析

抛去邯郸古都的形象，关于邯郸大概只剩下以下几点印象了：

第一，邯郸是一个重工业城市，重工业迟滞带来的问题已经开始显现了，一个重要的例子就是2016年全国空气质量检测1—9月排名中，邯郸在空气质量最差十城中排名第六。

第二，邯郸位于河北的最南端，它是河北、河南、山东、山西四省交界之地，古代是兵家四战之地，而今却也是一个“四不顾”之地，河北顾不到、山西顾不着、山东不想顾、河南不会顾。

因此邯郸的发展必须找准方向，抓住机遇。对于邯郸而言，最大的机遇是什么？就是京津冀的协同发展，全河北要为北京疏解与发展服务，相关产业要很好地转移，这就是最大的机遇，也是最大的“蛋糕”。但是要明确两点：

第一，从区位上看邯郸不是京津产业转移的首选地，所以目前邯郸分到的都是重污染低效能的产业，因此要转变思路，主动去找最好的“蛋糕”；

第二，在旅游资源禀赋上，河北的其他城市也没有邯郸历史底蕴足，因此要立足优势展开开拓。邯郸的定位就是成为京津冀外围清新脱俗而底蕴深厚的特色城市，其中最好的就是以历史资源为平台，积极发展文化旅游，提升城市形象，主动吸引北京的产业转移。从而“以旅游促宜居、以宜居促产业、以产业促转型、以转型促经济”。

“以旅游促宜居”，即以发展文化旅游引入京津冀巨大的旅游市场，以京津冀旅游市场的高标准倒逼邯郸宜居建设，倒逼邯郸环境整治，从而实现邯郸向宜居城市发展。

“以宜居促产业”，围绕宜居城市，打造相关的文化产业、旅游产业、生态产业、健康产业、航空产业、高端装备制造等，并吸引京津地区的高新技术产业转移至邯郸，实现邯郸的产业优化布局。这一路径在南方的珠海发展过程中已经得到验证。

“以产业促转型”，围绕引进的优质转移产业，积极配套相关高等职业技术教育资源，在邯郸提倡工匠精神，促进上述产业的深化发展，以上述产业的深化发展为基础，实现现有产业向规模化、高端化、现代化、技术化的发展。这一路径在广东的南海、江苏的昆山已得到检验。

“以转型促经济”，在这基础上告别河北省各市间的同质低效恶性竞争，以转型经济促进邯郸的经济腾飞，走出一条适合邯郸发展的特色经济之路。

## 二、邯郸旅游的市场、资源、对接

上一节谈到邯郸的发展转型，破题在旅游、落地在宜居、关键在转型，本节将重点讨论邯郸的旅游市场、旅游资源与二者的对接。

经过三十多年的改革开放，旅游发展已经由资源型转向市场型。旅游市场已经成为旅游地能够发展起来的首要条件，最明显的例子就是深圳，尽管没有特别突出的旅游资源，但是凭借着庞大的旅游市场将本地旅游做大做强。目前摆在邯郸面前的首先是旅游市场的问题。邯郸地处四省交界，如果四省都能强势纳入其旅游市场的吸引范围而不被分流的话，那自然是无往不利，但很可惜，由于存在洼地效应，邯郸不但没有旅游者四方来朝，反而被四面瓜分，这是邯郸旅游市场的最大问题。既然不能四方来朝，邯郸就必须确立旅游市场的主攻方向进行突破，主动引流，拥抱市场。

未来京津冀带来的机遇就至关重要了，京津 4000 万人口，河北 7000 万人口，从表面来看足以支撑一个超大规模的旅游目的地了。但是河北明显城镇化只有全国平均水平且人均收入不足，这 7000 万人能被吸引到邯郸的反而比例较低，而京津地区经济发达、消费水平高、出游意愿高、传播能力强，应当成为邯郸旅游的头号市场。这是未来邯郸的主攻方向。一是河北各市县（含本地市场），随着京津冀一体化的成功，河北将成功融入首都经济圈，基于河北本身的认同，邯郸将其作为第二旅游市场是合乎情理的，挖掘本土市场的潜力，这在河南、贵州等地都得到了验证。二是山东、广东、上海的市场，三地经济体量大，人均收入高，出游的意愿也较大，邯郸机场也成功地与广东、上海连接，它们是很好的第三选择。

接下来是邯郸的旅游创新。邯郸旅游资源种类繁多，尤其是人文旅游资源丰富，如果从旅游资源等级及特质性来说，可以说河北其他各市的旅游资源都无法与之相比。十一朝古都留下的是沉甸甸的底蕴，这放在整个中国也是罕见的。但是邯郸的旅游资源分散，首先是在时间上分散，十一个王朝，除了古赵雄风、魏邺旧事，其他 IP 目前的热度并不大；其次在空间上，不同主题的旅游资源较为零散地分布于邯郸各地。导致目前邯郸的旅游现状是“资源多而分布散、主题杂而凝聚少、开发多而系统性差”。在对旅游资源的利用上是以资本主导为主，缺乏统筹资本青睐就立马开发，这在已夭折的魏晋主题公园项目上可以体现出来。因此对邯郸的旅游资源需要重新筛选，找到强势的主题，进行旅游创新，并与文化产业结合，创造 IP，扩大传播。这方面可以借鉴西安大唐不夜城、大雁塔案例。

最后是资源与市场的对接。古代山水画里有句指导原则："外师造化、内法心源"。如果用在旅游开发中，则是"外师市场、内法文脉"。就是在本身资源达不到可以绝对无视市场的时候，要注意主要的外部市场的变化，让自身文脉的资源发挥更大作用，这就是资源与市场的对接。邯郸目前的旅游资源开发方面给人的整体印象还是对主体市场的把握不足，对于自身文化开发的自信不够。目前主要的旅游资源还停留在文化观光的层面上，即使有部分的旅游参与活动，在规模上、层次上、效应上与京津冀、沪粤鲁的需求还是有比较大的差距，同时与"旅游+""互联网+"等新潮趋势的结合也比较少，这些方面恰恰是第一、第三主要市场目前的潮流。同时对自身的文化挖掘也不够深入，在产品设计上，把赵魏文化如何深刻地结合与系统地展示方面，还远远不够。而这方面国内城市中成都做得最成功，可以充分借鉴。

## 三、邯郸旅游的定位及注意问题

在京津冀协同发展的背景下，邯郸的旅游定位是什么？

邯郸应当阐释自己是河北的精神发源之地，是河北的精神之所在，河北源于此、根于此。

"河北之根、燕赵之谊"，这就是在大时代背景下邯郸需要的旅游定位。

燕地为北京之源，河北则是赵，燕赵之地，豪侠之情，中华文化外拓之前沿。赵是战国时代中原最发达的地区，政治、文化、经济首屈一指。燕赵之情，相爱相杀，尤其是战国末年燕赵悲歌，自是史家传唱不绝。在当前的京津冀协同发展的背景下，重拾这一文化的溯源，更有利于邯郸或者是整个河北与京津的相容。

那定位于此后，邯郸的旅游发展还需要注意几点问题。

第一，邯郸旅游处于旅游生命周期的发展阶段，未来政府在旅游基础设施方面的投资仍需加大，政府与社会资本相结合的多种方式均可尝试。从旅游生命周期出发进行开发，处在哪一个阶段就进行与之相应的开发与突破，这个非常关键。旅游开发现在处于一个什么样的阶段，首先要与城市整体的发展相关联，城市的规模、定位、发展阶段对于该地旅游处于何种阶段息息相关。邯郸2015年全市生产总值3145.4亿元，比上年增长6.8%。其中：第一产业增加值402.8亿元，增长2.4%；第二产业增加值1500.7亿元，增长4.8%；第三产业增加值1241.9亿元，增长11.2%。三次产业结构由2014年的13.1∶50.1∶36.8变化为12.8∶47.7∶39.5，人均GDP为5387美元。邯郸仍然是一个重工业城市，但人均GDP已经足够支撑较大规模的旅游了。古语云："仓廪实而知礼节。"未来的文化旅游方面，本地的市场也会逐渐壮大，配合邯郸的经济发展，现阶段的邯郸旅游处于巴特勒旅游生命周期理论的发展阶段。这一阶段最关键的是夯实旅游基础设施，筑巢引凤，积极拥抱旅游高潮的到来。而近年来较为盛行的政府与社会资金的利用方式可积极尝试。

第二，传播手段的全面化。目前的邯郸旅游在旅游宣传方面显得非常弱势，现在已经进入自媒体时代，但是邯郸旅游宣传似乎连网络时代都没有用好。从图21-1至图21-3可以看出近年来邯郸的网络搜索量并没有大幅上升，PC端的搜索量甚至还有下降，但是来自移动端的搜索量却在稳步上升。网络时代，旅游宣传的重点就是爆点与流量。在旅游中爆点就是能够引爆旅游的关键事件、话题等，而流量就是能够持续关注这一事件、话题的人群。在这点上面，邯郸旅游需要聚焦有网络爆点的旅游事件，同时通过持续地维持与推陈出新，维持爆点的新鲜度。但在此之前，是网络平台上邯郸旅游资源的整体性梳理，这一点在邯郸十分缺乏，一个例子就是在百度搜索中甚至找不到一张全面的邯郸旅游资源图，也未从邯郸政府平台中发现每年邯郸的旅游宣传系列，这一点可以看到邯郸旅游前期准备不够，目前宣传得不足，邯郸旅游形象在网络上不突出就是显而易见的事了。

这是两个在定位后基于旅游地发展的生命周期理论必须注意的问题，以上探讨的诸多方面都需要在旅游规划与设计中加以统一，未来邯郸旅游发展应当充分注意这方面。

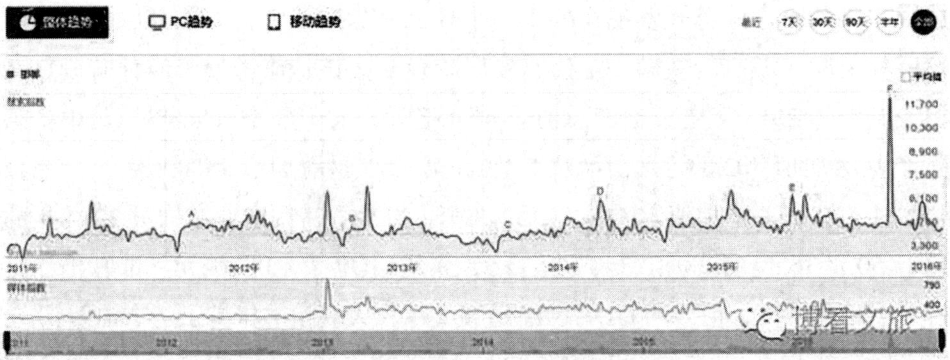


图 21-1　邯郸搜索的整体趋势（源自百度指数）

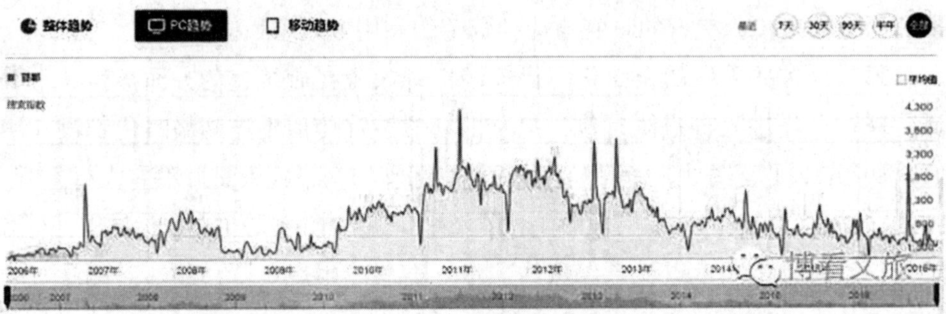


图 21-2　邯郸 PC 端搜索的整体趋势（源自百度指数）

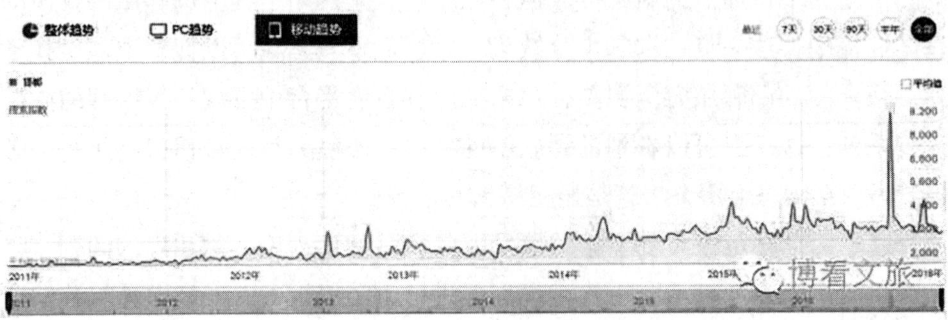


图 21-3　邯郸移动端搜索的整体趋势（源自百度指数）

# 第二十二章　肇庆：旅游从文本到现实

肇庆是珠三角扩容后的外围城市，也是粤港澳大湾区的重要组成区域，它是一个传统的旅游目的地，但随着近年来的发展，肇庆的产业逐渐融入大湾区，旅游却逐渐落后于大湾区的其他城市，未来的肇庆旅游如何发展？本章将从文本到现实进行分析。

## 一、规划文本中的肇庆旅游

在针对《肇庆市城市总体规划》旅游专题、《肇庆市旅游发展总体规划》《肇庆市历史文化名城规划》《肇庆市城市特色研究》《肇庆市绿道总体规划》《肇庆市交通规划纲要》综合研读的基础上发现：

### （一）各项规划缺乏明确而统一的旅游定位

所有规划中仅有《肇庆市旅游发展总体规划》对肇庆市的旅游有着较为明确的定位——“中国重要的观光休闲、养生度假目的地”，其他各个规划中的旅游定位缺失，仅有部分的战略或策略。在肇庆全市旅游定位都不清晰的情况下，各规划协调发展旅游业也就成了“空中楼阁”，各项战略或策略也成为“无源之水”。

### （二）多数规划中提出的旅游发展方案难以实施

各规划中提出的策略多数停留在理念阶段，因为缺乏具体可操作的对象与步骤，导致这些旅游发展方案难以实施，如在《肇庆市城市特色研究》中提出发展文化旅游，这只是文本中的一个概念，后面没有任何可以与之配备的规划内容，仅有理念，而无措施，等于“空中楼阁”。

### （三）各规划间策略、措施都是从本规划需要出发，各自为战

各个规划都是从本规划的需要与利益出发探讨旅游发展，导致在每个规划中的旅游发展各不相同，实施时也必然各自为战。例如，《肇庆市交通规划纲要》中提出的“水上旅游巴士线路”等在其他规划中从未提及，更谈不上各项规划的协调与配合了，各自为战的结果就是难以落地。

### （四）即使在同一规划内部，对于旅游发展的内容前后也不一致

以《肇庆市旅游总体规划》为例，在规划的前期定位中将其定位为“观光休闲、养生度假目的地”，而在其后的具体策略与实施过程中，会展旅游却占到重要篇幅，姑且不论肇庆是否适合发展会展旅游，这些规划本身存在的不一致就加大了实施难度。另外，《肇庆市旅游总体规划》前期分析以区域市场为主，但体现在营销策略中却全是针对全国性的，且固定人群的营销方式，例如，《国家地理》杂志上的营销策略针对的明显是全国的、有一定知识水平且有闲暇的人群，这与区域市场人群明显不同。这样的例子在旅游总规和其他规划中还有很多，对市场不了解，措施不符合实际。

### （五）几乎所有的规划都在强调新的旅游资源、线路的开发，旅游资源的整合鲜有提及

肇庆是一个传统的旅游城市，旅游资源的开发在持续进行，大部分规划在不断地提出开发新的资源、新的线路，在某些规划中旅游功能区甚至多达11处，线路也层出不穷。但除了七星岩、鼎湖山这些传统旅游地之外，近年来新的旅游开发多成效小。实际上，肇庆需要将已有的资源进行相应的整合，而这方面恰恰是所有规划缺失的。

## 二、肇庆与近年来广东省新兴旅游地的比较

广东省目前的旅游版图中，深圳、广州一直遥遥领先，梅州、潮州、汕头、肇庆等传统旅游地持续衰落，云浮、揭阳、湛江等地一直没有发展起来。近年来主要新兴的旅游城市有惠州、清远、韶关、河源等地。通过与深圳的部分旅行社（深圳国旅、深航假期、华侨城国旅）相关的计调部门联系，对肇庆与新兴旅游地清远、惠州、韶关、河源的旅游发展进行初步比较（见表22-1）。

表22-1　肇庆与广东省新兴旅游地的比较

| 城市 | 主要项目 | 特点 | 形象分析 | 客源 |
| --- | --- | --- | --- | --- |
| 清远 | 漂流（夏季）、温泉（冬季） | 参与性强、季节鲜明、亲水活动为主 | 漂流形象提升、温泉形象下降 | 青年、中年人群为主 |
| 惠州 | 沙滩、海岛、滨海温泉 | 参与性强、旅游景区较新、季节性明显 | 海岛及滨海温泉形象新颖 | 全部年龄阶段 |
| 韶关 | 丹霞山、温泉 | 爬山（险峻、刺激）、世界遗产地 | 世遗拉动形象提升、温泉作为形象补充 | 全部年龄（世遗影响） |
| 河源 | 万绿湖 | 游湖 | 配套不足的新兴旅游地形象 | 青年人群为主 |
| 肇庆 | 七星岩、鼎湖山 | 以观光为主、无明显季节性 | 传统观光旅游地形象 | 中年、老年人群为主 |

通过表22-1的比较发现，新兴的旅游地大都表现出参与性强、旅游形象统一、季节性比较鲜明的特点，除韶关丹霞是广东四大名山外，其他地区原有资源都名声不显，是在开发了适应旅游者需要的景区后开始腾飞的。而肇庆在广东省的旅游中颇显“平庸”，以观光旅游为主，季节性不强，没有世界级的重要景区，游客不用赶着夏季或冬季去，也不会有很刺激或新奇的感受，最终多数旅游者不会选择肇庆作为旅游目的地。

另外，从旅行社的调研中了解到，距离仍然是影响游客出行的重要因素。肇庆距离深圳约3小时车程，距离广州约1.5小时车程，与韶关、潮州、汕头、阳江等地相比具有较大地缘优势，能够吸引到小珠三角的客源。

多数游客对于肇庆旅游的概念集中于肇庆市区内，高要、四会、德庆等县的旅游往往不被游客当作肇庆旅游，这一点也需要在规划时特别注意。

## 三、广东省近年来旅游发展趋势及肇庆旅游的比较

### （一）旅游由观光旅游逐渐向休闲旅游、体验旅游转变

旅游大势的变化往往导致旅游地的兴衰演替。目前中国正在经历的是观光旅游向休闲旅游、体验旅游的转变。前期观光旅游以景点数量、游览跨度大而取胜，游客的满意度从欣赏到尽可能多的景观中获得，因此“赶场子”“到此一游”成为旅游的普遍现象。进入休闲旅游阶段后，游客的消费理念产生变化，不以景点多寡而决定，而以旅途舒适度取胜。

因此，旅游者赴某地后在某一度假地居住一段时间进行度假休闲成为潮流。当旅游进入体验旅游阶段后，知识的获取、不同体验的获得成为旅游者满足的关键，因此地中海俱乐部（CLUBMED）推出一站式度假，诸如海岛集训（主要内容为潜水、冲浪等活动）、亲子培训等体验型产品在全球受到追捧。

肇庆的旅游恰恰一直没有太大改变，从已有线路来看，景区依然以观光为主，鲜有改变。图 22-1 为游客赴肇庆旅游目的统计。

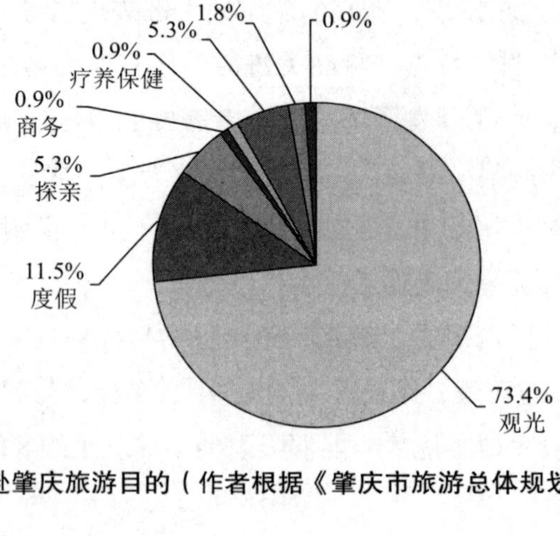


图 22-1　游客赴肇庆旅游目的（作者根据《肇庆市旅游总体规划》相关数据绘制）

从图 22-1 中看出，以观光为目的赴肇庆旅游的占总体的 73.4%，以其他目的赴肇庆的游客不到 30%，肇庆仍然在传统的观光旅游框架之内。而且从肇庆的旅游线路来看，也是以星湖和鼎湖山为主的观光线路，加入的龙母庙、宋城墙等也都是观光型产品。因此，肇庆的旅游是在传统的老路上，未发生大的变化。

### （二）大众旅游向多样化旅游转变

1998 年，中国开始实施新的假日制度并开始发展大众旅游，至今大众旅游已被普遍接受，但是大众旅游总是伴随着长假期、低消费、大规模空间转移而进行的，随着旅游的发展，越来越多的人开始寻求适合自己的旅游方式，多样化的旅游随之出现。

在目前的阶段，大众旅游还是主流，但多样化旅游日益增多。高端的、低端的、随性的、团队的，各种形式的旅游都在发展。肇庆的旅游目前注重的还在大众旅游这一块，需要做出相应改变。

### （三）旅游由静态参观向互动参与转变

互动参与是目前旅游的主要潮流，在旅游过程中加入参与性的活动已经成为旅游的主流。近年来兴起的温泉旅游、滨海旅游、漂流等都是这种转变的体现。肇庆的旅游多数还在静态参观景点的阶段，新开发的“东方禅林”“盘古景区”“鼎湖园”等都是静态参观的景点，需逐步改变现状。

### （四）旅游由长途旅游逐渐向短途游憩转变，周末游已经成为主流

近年来，短途游憩逐渐兴起，周末游是其中的典型代表。以 2 天为特征的周末游需要兼顾旅游与休闲，纯以观光为目的的旅游会让旅游者产生疲惫。周末游就由此成为旅游主流，尤其是广东的周末游成为主流。

### （五）旅游由原有的“游山”向“玩水”转变

广东省的旅游，从“游山”向“玩水”的转变十分明显，原有的广东四

大名山——西樵山、罗浮山、鼎湖山、丹霞山，除了丹霞山因为成功申请世界遗产而挽回颓势外，其他的山都在不同程度地衰落。而亲水型的旅游地，如滨海旅游地、温泉、漂流等都得到了很大的发展。肇庆的旅游目前还停留在“游山”的阶段，没有适应当前的发展趋势。

### （六）“会展旅游”在肇庆尚未真正形成，不宜过度炒作

会展旅游即MICE，是会议、展览、奖励旅游的合称。但是中国的会展旅游在很大程度上依赖于城市本身的经济发展，这从中国会展旅游前10位的城市全是省级、副省级城市可以看出。

况且，其中的奖励旅游与带薪假期制度密切相关，在中国普遍实行公休制的背景下，很难出现诸如瑞士达沃斯之类的会展旅游小城。所以“会展旅游”在肇庆不宜过多炒作，而应把它视为商务旅游的一部分加以发展。

## 四、关于肇庆旅游业发展的策略

在此基础上，对于肇庆这种处于大都市区外围地区的城市如何发展旅游，有如下策略。

### （一）确定肇庆旅游发展的核心方向，建立肇庆旅游的新形象

从各项规划可以看出，肇庆尚未统一旅游发展的核心方向，没有以此来整合各个方面的资源，没有逐步转变肇庆旅游的旧形象。这个发展方向必须是休闲的、互动的、亲水的。这个新的旅游发展核心需在各个规划中加以体现和强调，力图在旅游者心中建立新的形象。

### （二）应当在传统旅游优势的基础上整合周边资源，减缓分散的、小型的旅游开发

肇庆在整个市域方面不乏旅游资源，但是也缺少高品质的旅游资源。目前开发的许多旅游点规模小、过于分散，没有竞争力。而原本的七星岩、

鼎湖山尽管很有名气，却缺乏纵深的开发，导致吸引力逐年下降。肇庆可以在这两大传统的景区附近整合资源，加强休闲方面的开发，以新项目增强传统景区的竞争力，并通过传统景区的改变来改变旅游者对肇庆原有的印象。

**（三）非独特性旅游资源宜减缓开发，重视节点性的旅游点开发**

一般名人故居、遍在性牌坊石楼之类的非独特型性旅游资源宜减缓开发，否则即使开发旅游者也不感兴趣，还会造成资金的分散。反而是节点性的旅游点需要重视，尤其是“千里旅游长廊”。千里游廊不在乎长度以及周围开发的遍地零散的景区，而是寻找特色化的区域重点开发 1~2 个点作为特色景点，要有相应的特色餐饮或住宿等，即使是聚集的农家乐也可以。

**（四）在城镇化推进过程中进行旅游开发，而不是为开发而开发**

肇庆旅游缺乏世界级和国家级的旅游品牌，因此不能因为需要增加旅游点数量或种类而盲目开发，应当在城镇化推进过程中，在城镇能辐射的范围内有选择、有重点地开发。将精力放在提升知名品牌、打造名品上，从而实现以点带面的效果。

# 第二十三章　深圳（一）：新兴城市的文旅产业发展之道

深圳市是一个新兴的城市，没有太多的历史传统，但是深圳的文化产业却是从无到有发展起来，2012 年深圳市文化创意产业增加值 1150 亿元，同比增长 25%，占 GDP 的 9%，相当于传统文化强省陕西省当年文化产业增加值的两倍，而且深圳还是中国第一个被联合国教科文组织认定的“设计之都”。深圳在传统文化方面缺乏资源基础，却能够发展为国内外知名的文化产业前沿城市，这对全国文化产业发展有着以下重要的启示。

## 一、鼓励中小企业创新发展，引导第二、第三产业朝文化产业发展，支持特色文化产业发展模式

深圳在文化产业发展过程中采取的是扶持中小企业创新发展的模式，鼓励中小企业吸收文化元素，例如，深圳的国瓷永丰源集团就是由小企业一步步依靠创新陶瓷工艺结合传统艺术发展起来的，在深圳这样一个既无高岭土资源，又缺乏陶瓷技艺传统的城市，通过企业不断地创新，通过将国内外先进陶瓷文化及优秀设计不断引入产品之中，成就了“国瓷”传奇。

2007 年，永丰源成为中南海及钓鱼台国宾馆餐具制定研制单位，其产品多次被选为国礼赠送给各国领导人，公司 60% 以上的产品出口欧洲，在国外上层社会享有盛誉。

## 二、借由“文化 +”拓展文化产业的领域

20 世纪 90 年代，深圳开始有意识地发展文化产业，并积极引导深圳的第二、三产业的企业朝文化领域发展，创造了许多深圳文化产业发展的特色模式，“文化 + 科技”“文化 + 创意”“文化 + 旅游”三种模式成为深圳发展文化产业中的特色摸索。

“文化 + 科技”是指通过高新技术创新文化产业的形式、内容、传播方式等，以新技术推动文化产业发展，例如，腾讯公司就从高科技企业向文化企业发展，利用高科技技术推动文化传播与传媒，而雅昌企业集团也利用网络与艺术品结合发展，从一个印刷企业逐步转变为网络艺术品企业。

“文化 + 创意”是指在创意产业、创意产业园利用文化因素进行提升，使创意产业更加坚实，例如，华侨城创意产业园、宝安的 1970 文化创意产业园就是利用文化提升老工业区的案例。

“文化 + 旅游”则是深圳地区特有的探索，在深圳将国内外各种先进文化与旅游结合，进行文化旅游的发展，例如，锦绣中华、世界之窗等地的开发就源于此，近年来的欢乐海岸也是“文化 + 旅游”的一种模式。

## 三、高交会、文博会等会展业引导带动各层次企业发展

深圳积极利用会展的力量为本地企业创造机会，以会展为纽带拓展本地大、中、小企业的发展空间。自 1999 年深圳高交会首次布展以来，深圳本地企业通过高交会的平台得到了最大限度地展示，同时国内外高新技术的交流又为深圳企业的创新与发展带来了市场与客户，至 2012 年已成功举办第十四届高交会，华为、中信、康佳、腾讯、比亚迪等一大批企业在高交会的帮助下走入国际市场。而文博会则不但引导了本地企业的发展，还为本地文化产业的区域发展提供了机会。

2005 年，深圳首届文博会开幕，主场馆位于深圳会展中心，当时定位于全国文化产业交易交流，之后深圳文博会以分会场的形式将深圳的文化产业

及特色文化地区推向世界，至 2012 年，包括大芬油画村、雅昌艺术馆、深圳古玩城、水贝珠宝项链街、观澜版画原创基地等文化产业聚集区域在内的深圳的文博会分会场达 40 个，大量的中小企业在其中孕育成长并壮大，分会场的规模还在扩大，文博会已成为地区特色的展示平台。

## 四、鼓励创新文化旅游资源，延伸产业链带动城市片区发展

深圳的旅游业发展不是在深圳传统文化资源与自然海滨资源的基础上发展起来的，而是从一开始深圳就以创新文化旅游资源，延伸产业链为主导，进行旅游发展与区域互动，创新成为深圳文化旅游的主要推动力。

根据国际主题娱乐联合会 2011 年度报告显示，深圳华侨城主题公园集团（OCT Parks China）已经成为世界第八大主题公园运营公司，其旗下深圳本地运营的东部华侨城、深圳欢乐谷、深圳世界之窗的游客规模分别名列亚洲第 9、15、16 位，年均增长率达到 10.2%、7.4%、17.8%，深圳已经成为中国主题公园的领先城市。其他主题公园，诸如青青世界、深圳野生动物园、明思克航母世界、深圳海洋公园等都曾经在全国引起轰动，并带动了所在片区的发展。

1985 年 8 月 27 日，深圳率先发展主题公园产业，香蜜湖中国娱乐城开业，落差 35 米的水上双环过山车为当时世界之最，46 米高的摩天轮为当时亚洲最高。1989 年 9 月，深圳华侨城集团开始尝试主题公园领域，与香港中旅集团共同投资建设了以荷兰小人国“马都洛丹”（Madurodam）为参考展现中华瑰丽山河的“锦绣中华”景区。1991 年 10 月，华侨城集团推出“中国民俗文化村”与“锦绣中华”相呼应，共同吸引海外旅游者。1994 年 6 月，华侨城集团又推出“世界之窗”，通过当时深圳与国外衔接最紧密的优势，定位于国内旅游者增进了解世界的主题。1998 年 10 月，深圳欢乐谷开业标志着深圳互动参与型主题公园阶段开启。“锦绣中华”“民俗村”“世界之窗”“欢乐谷”的开放彻底地带动了华侨城片区的发展。

2004 年，华侨城集团东部华侨城工程启动，东部华侨城占地近 9 平方公

里，是一个集互动主题公园、休闲度假区、生态景观、旅游配套于一体，行、游、住、食、购、娱兼顾的新型旅游城区。东部华侨城的出现，标志着中国主题公园由“园”向“城”的转变，现在东部华侨城已经成为深圳东部旅游的中心，肩负着带动深圳东部旅游发展的重任。2007 年开始探索的深圳“欢乐海岸”成为主题公园转型为主题城区的成熟标志，欢乐海岸片区不再采用一票制主题公园经营模式，而是以服务城市居民为主，占地 1.25 平方公里的“欢乐海岸”是开放的城市区域，成为旅游综合体的早期探索典范。

深圳的主题公园产业以不断创新旅游资源为导向，在主题公园周边加快地产、餐饮、会展、休闲娱乐、高端商业等延伸产业的发展，实现了文化资源的创新与发展，并带动了所在城市片区的升级与改变。

## 五、以市场为导向，寻找产业链中的空白地带，进行文化产业布局

纵观深圳的文化产业发展，可以看到深圳的文化产业的一个重要特点是以市场为导向，从市场的需求出发，向上游回溯进行文化产业布置。大芬油画村、观澜版画基地、水贝珠宝街、深圳古玩城、雅昌艺术中心等都是其中的佼佼者。以大芬油画村为例，20 世纪 80 年代，深圳布吉片区成为中国的油画集散中心，港澳台商人在此批发中国油画。

20 世纪 80 年代末，部分香港油画商人（黄江等）利用中国低廉的劳动力价格在布吉油画集散中心附近的大芬村开始进行低端油画创作，由于市场巨大，部分油画批发商、油画零售商以及完成资金积累的画工开始在大芬村大量集聚创作。2004 年 11 月，大芬油画村被文化部命名为“文化产业示范单位”。其后大芬村一方面利用文博会分会场的优势继续向海外进行低端油画市场以及定制油画市场的开拓，另一方面也完成了深圳本地市场的渗透，深圳本地对油画的消耗量也急速增长，同时油画市场进一步回溯向绘画培训、颜料市场、装饰市场等进行拓展。时至今日，大芬村以市场为导向，积极寻找产业链空白，进行文化产品创新的步伐依旧向前。

# 第二十四章　深圳（二）：东部滨海度假区发展特点及建议

改革开放后，深圳特区的经济辐射自关内四区逐渐向外扩散，但东部滨海地区由于区位偏远，长期交通不便，劳动密集型产业与资本密集型产业的发展力度小，甚至还不如临深的东莞与惠州某些地区[1]。另外，工业发展的滞后，却使深圳东部保留了完好的景观与生态，为旅游发展奠定了坚实的基础。2011 年 10 月 27 日，深圳设立大鹏新区并定位于国际旅游发展，本研究所指的东部滨海在行政边界上包括大鹏新区及盐田区大梅沙、小梅沙片区等东部临海片区。

深圳滨海旅游发展历经 30 年的改革开放，时至今日已经取得了一定的成就，建设了一批知名滨海度假品牌，诸如东部华侨城、大梅沙、小梅沙、玫瑰海岸等，针对已有的滨海旅游开发项目，表 24–1 从区位、交通、面积、开发时间、开发者身份、项目内容六方面对其进行分析。

**表 24–1　深圳市东部滨海主要旅游度假区列表**

| 名称 | 区位 | 交通 | 面积 * | 年份 | 开发者 | 项目 / 内容 |
|---|---|---|---|---|---|---|
| 大梅沙海滨公园 | 盐田港与小间发 | 盐坝高速、地铁 8 号线（规划中） | 0.36 平方公里 | 1999 年 | 政府所有 | 滑水、索道、摩托艇、水上降落伞、沙滩运动等 |
| 小梅沙度假村 | 位于大鹏湾关岛 | 盐坝高速、地铁 8 号线（规划中） | 约 0.18 平方公里 | 1984 年 | 深圳特发集团 | 沙滩游戏、烧烤、快艇、飞伞、非洲滑索、潜水探秘 |

续表

| 名称 | 区位 | 交通 | 面积 * | 年份 | 开发者 | 项目 / 内容 |
|---|---|---|---|---|---|---|
| 东部华侨城 | 深圳大梅沙片区 | 盐坝高速、地铁 8 号线（规划中） | 9 平方公里 | 2007 年 | 深圳华侨城集团 | 休闲度假、观光旅游、户外运动、科普教育、探险等 |
| 玫瑰海岸 | 深圳葵冲 | 盐坝高速、深葵公路 | 约 0.6 平方公里 | 2002 年后 | 私人 | “文化、爱情、生态”为主题的相关活动 |
| 深圳海洋世界 | 位于小梅沙海滨旅游区 | 公交可达，紧靠盐坝高速 | 0.2 平方公里 | 1999 年 | 深圳特发集团 | 鲸鲨馆、鲨鱼馆、海贝馆、科普馆、航模馆等 |
| 金海滩俱乐部 | 位于溪涌湾 | 公交可达，紧靠盐坝高速 | 0.13 平方公里 | 2002 年后 | 私有资本 | 海上游艇、垂钓、沙滩游戏、商务会议、健身 |
| 金沙湾旅游度假区 | 位于大鹏南澳镇下沙村 | 公交可达，紧靠盐坝高速 | 0.95 平方公里 | 1993 年 | 私有资本 | 快艇冲浪，观光游艇，帆板，独木舟，水上摩托，水上三轮车等 |
| 鑫海度假村 | 位于深圳市南澳镇 | 靠近深惠沿海高速 | 0.58 平方公里 | 2003 年 | 私有资本 | 潜水、游艇、漫步、卡拉 OK、露天烧烤等 |
| 浅水湾度假中心 | 深圳南澳镇西冲村 | 靠近深惠沿海高速 | 约 20 平方公里 | 2002 年后 | 私有资本 | 沙滩排球、露天烧烤、SPA、桑拿按摩、沙滩戏水等 |
| 金海湾度假中心 | 位于南澳镇巽寮湾 | 靠近深惠沿海高速 | 24 平方公里 | 2008 年 | 私有资本 | 高尔夫球、游艇、滨水广场、水族馆、美食街、露天剧场等 |
| 西冲浪琴湾度假村 | 位于南澳镇西冲口 | 临近 S359，自驾车可达 | 约 10 平方公里 | 2002 年后 | 私有资本 | 小木屋、烧烤、快艇等 |
| 半天云海岸度假村 | 位于南澳镇南澳村 | 临近 S359，自驾车可达 | 建筑面积 2500 平方米 | 2002 年后 | 私有资本 | 度假酒店为主，礁石沙滩、高尔夫、游泳等 |

* 注：度假旅游地面积由文献综合及地图测算两部分组成。

## 一、深圳东部滨海度假区发展特点分析

通过深圳东部的度假旅游资源的分布及开发等方面的比较，可以发现深圳东部度假旅游资源的发展具备以下五大特征。

### （一）特征一：空间上总体呈分散分布，但已经形成明显的旅游节点区域

通过深圳东部度假旅游资源的区位比较可以看出，深圳东部滨海度假旅游点比较零散地分布于东部岸线，但是这些度假区的发展依托于原有的自然村庄和城镇，经过近30年的发展，东部滨海已经形成了明显的旅游节点区域:（1）大梅沙－小梅沙－玫瑰海岸旅游节点;（2）下沙－观音山旅游节点;（3）南澳镇旅游节点;（4）浅水湾－西冲旅游节点;（5）桔钓沙－杨梅坑旅游节点;（6）较场尾－鹏城旅游节点。这六处旅游节点中大梅沙－小梅沙－玫瑰海岸旅游节点的规模最大，发展最为成熟，其次为南澳镇旅游节点，其余的旅游节点规模较小，目前还在发育之中。

### （二）特征二：资本无序开发频繁，商业项目沿公路线形推进明显

通过对开发者的对比研究发现，除了大梅沙海滨公园是政府投资建设的最大的公共度假区之外，其他滨海度假区基本上私密性更大，这些滨海度假区的投资可以分为四大类型：第一类是深圳市内大型企业以及大型集团投资建设的旅游度假区，如东部华侨城、小梅沙度假区；第二类是港澳台外来资本投资建设的旅游度假区，如半天云海度假区；第三类是当地村集体投资建设的旅游度假区，如较场尾旅游度假区；第四类是当地村集体以土地入股、外来资本投资建设运营的度假区。由于政府公共开发的力度有限，私有资本的无序占地与村集体的散乱开发在东部滨海地区十分普遍。至今，深圳东部滨海仍然缺乏鲜明而独特的旅游度假形象，无序占地开发的现象却已司空见惯。

而整个滨海区域的开发又是沿深圳东部公路沿线推进的。深圳东部最初的道路状况较差，20世纪90年代初仅有S360抵达大、小梅沙附近，因此私

人资本最早在此地形成聚集，“大梅沙－小梅沙－玫瑰海岸”旅游度假区节点最早形成。随着S360在20世纪90年代的全面贯通，葵涌及大鹏附近的滨海度假区得以发展。其后S359贯通深惠，为南澳带来了发展机遇。自此深圳东部滨海度假区随着公路发展的格局形成。2001年，盐坝高速的开通串联了原有的S360及S359发展区域，使东部滨海度假区向东南部进一步发展，西冲、杨梅坑等地得以发展。

### （三）特征三：东部滨海度假区总体开发较晚，新区建成后进入大发展阶段

按照巴特勒的旅游地生命周期理论，通过对深圳东部滨海度假区的开发时间比较发现东部滨海度假区的开发总体较晚。20世纪80年代，东部滨海度假区的开发进入初探期，大梅沙在20世纪80年代作为私人经营度假区开放，小梅沙也在20世纪80年代营业，从此拉开了东部滨海度假区的开发序幕。20世纪90年代是深圳东部滨海度假区的成长期。金沙湾旅游度假区、深圳海洋世界等度假区陆续建立。1999年，政府将原有的大梅沙度假区回购，建设了大梅沙海滨公园，这成为深圳东部地区第一个真正意义上的免费为市民开放的公共滨海度假区。2000—2010年是深圳滨海度假区的快速发展期。这一时期大量的海滨度假区开始涌现，诸如玫瑰海岸、东部华侨城、鑫海旅游度假村等，而且在空间上进一步向东部纵深推进。2010年之后则是深圳东部滨海度假区进入大发展的时期：一方面，新区的建立使得东部地区从行政级别上得到提升，东部旅游发展的自主性得以加强；另一方面，随着深圳产业转型与升级的进行，建设国际性城市的目标得以确立，东部发展国际休闲度假区的定位也恰逢其会。东部滨海地区能得到资金、人才、市场等多方面的支持，甚至外来资本也大举进入本地区，东部滨海度假区已进入快速发展阶段。

### （四）特征四：投资与占地规模小，滨海度假项目雷同严重

对比深圳东部主要滨海度假区的面积可以发现，大部分的度假区面积狭小，面积在1平方公里以上的度假区非常少。这一方面是因为私有投资的力

量有限，难以支撑巨额开发；另一方面是因为深圳缺乏成熟的滨海度假区开发模式，没有进行大面积的滨海度假项目开发探索，整体项目偏于“小散差”，这从金海湾与浅水湾这两个占地巨大，却名声有限的度假区可以看出。而通过对滨海度假区的项目进行比较可以发现，大多数的滨海度假区内项目雷同严重，基本上是沙滩运动类、烧烤饮食类与游艇类三大类型项目，导致产品同质化严重，已有度假区之间竞争激烈。

### （五）特征五：新理念注入度假区开发，新模式开始赢得新市场

近年来，新兴理念融入度假区开发已成为一种趋势，这些新理念的融入使深圳东部滨海度假区更具吸引力。一是生态理念，东部华侨城的开发过程中以生态理念贯穿始终，这一理念的成功运用结合度假区的打造得到了深港地区市民的一致认可，并为其赢得了络绎不绝的客源。二是低碳理念，低碳出行与低碳旅游的概念在杨梅坑度假区中得到很好的展示，自 2007 年后杨梅坑凭借这一理念大跨步发展起来。三是自助式休闲理念，这一理念更好地发挥了旅游者的能动性，在这一理念的推动下较场尾等地的民宿自助度假得到了很好的发展。

另外，新的运作模式也为东部滨海地区带来了新的市场，玫瑰海岸的异军突起很好地阐释了这一特点。传统的滨海度假区通过旅行社招徕团队游客来占据稳定市场客源，通过广告营销吸引散客实现市场多元化。而玫瑰海岸则创新了运作模式，通过建设专业主题公园将自身置于婚庆产业的一环，通过婚纱摄影公司进行定点营销，获得了新的市场，2011 年玫瑰海岸度假区参观人数超 30 万人，实现产值 6 亿多元。

## 二、深圳东部滨海度假区发展建议

本书针对深圳东部滨海度假区发展的历程及特点，综合国内外滨海度假区发展的规律与案例，提出深圳东部滨海开发的三点建议。

### （一）建议一：梳理东部滨海资源，重新定位客源市场，以旅游城镇化实现跨越式发展

在深圳东部地区的旅游地位凸显，客源市场由原有深圳本地客源市场转而向粤港澳大湾区扩展，在此背景下东部地区需要重新梳理滨海资源，寻找能与国际一流滨海度假方式衔接的文化、历史、社会、自然资源，并利用旅游城镇化的模式实现跨越式发展。

### （二）建议二：探索陆海联动机制，保护滨海旅游资源，引入前沿理念创新滨海度假方式

深圳东部滨海度假区的发展历程有着明显的沿道路发展轨迹，私有资本、集体决策在此过程中的无序零散开发使东部脆弱的滨海旅游资源遭受了重大破坏。在未来的发展中，滨海度假区布局与发展需要从整体考虑，陆海联动，让服务区域、观景平台、滨海交通等设施尽量远离滨海区域，尽最大可能地保护滨海旅游资源，并引入低碳、生态等前沿理念，倡导人们创新滨海度假方式，实现滨海资源永续利用。

### （三）建议三：引入高端旅游项目，创新滨海度假模式，树立顶级国际滨海度假胜地形象

从深圳东部滨海度假区的现状及特点可以看出，近年来虽然滨海度假区数量激增，规模也在逐年扩大，但是低端的度假区、雷同的度假项目与国际滨海旅游的形象严重不符。深圳东部地区需要引入诸如地中海俱乐部（Club Med）之类的顶级度假集团，填补高端滨海度假地的缺失，创建东部地区滨海度假区高、中、低完善的层级。同时积极创新滨海度假模式，不仅着眼于海水资源，积极引入先进的文化要素、时尚的生活元素等，使滨海度假区能够集文化、生活、探险与时尚为一体，成为能够引领中国滨海度假的新模式，树立顶级国际滨海度假胜地形象。

# 第二十五章　成都（一）：当前旅游发展特征与成因分析

2017 年成都市景区游客接待量的统计数据新近出炉，通过这个表单，结合近年来成都的经济发展、产业发展、人口变化、消费变化等情况，本章将对成都旅游的基本特点进行分析，对旅游热潮进行成因分析，并对近期成都市文旅布局进行相关研判。

表 25-1　2017 成都市景区游客接待量

| 序号 | 指标名称 | 接待游客量（万人次） | 同比（%） |
|---|---|---|---|
| 1 | 成都大悦城 | 2076.7 | 27.57 |
| 2 | 宽窄巷子 | 1688.3 | -6.56 |
| 3 | 三圣花乡 | 1221.8 | 5.39 |
| 4 | 东郊记忆 | 810.5 | 110.59 |
| 5 | 青城山—都江堰旅游景区 | 750.0 | 7.63 |
| 6 | 成都市双流县黄龙溪旅游区 | 695.2 | 7.29 |
| 7 | 洛带古镇 | 608.9 | 15.26 |
| 8 | 邛崃市平乐古镇 | 596.1 | 5.51 |
| 9 | 成都崇州街子古镇 | 544.1 | 5.64 |
| 10 | 成都市宝光桂湖文化旅游区 | 508.3 | 71.71 |

资料来源：成都文化市场执法网 . https://cdwlzf.cdwglj.chengdu.gov.cn/contents/61/4815.html.

## 一、当前成都旅游的基本特征

以表 25-1 为引子，结合成都近年来的旅游数据，可以发现成都旅游发展具有以下特征。

### （一）特征一：旅游发展迅猛，在全国名列前茅

从表 27-1 中可以看到，成都处于前十的 A 级旅游景区游客接待量基本在增长之中，而且榜单中这些 A 级旅游景区以老景区为主，其增速基本在 5% 以上，非常能够说明问题。十大景区年接待游客量均在 500 万人次以上，甚至有 3 家在 1000 万人次以上，简单地乘一下游客基本消费就可以发现营收过亿元甚至过十亿元，这些景区在 2017 年的效益非常不错。

景区的火热是整个旅游市场的一面镜子，2017 年成都市的旅游统计也印证了这一点：2017 年 1—12 月成都市共接待游客 2.1005 亿人次，同比增长 4.87%，实现旅游总收入 3033.42 亿元，同比增长 21.22%；其中，接待入境游客 301.34 万人次，同比增长 10.66%，实现旅游外汇收入 13.07 亿美元，同比增长 5.23%[①]。成都 2017 年旅游收入仅次于上海、北京、广州、重庆、杭州等城市之后。而且这一火热势头延续至 2018 年，1—3 月成都市共接待游客 5063.56 万人次，同比增长 4.13%，实现旅游总收入 776.83 亿元，同比增长 21.42%。

### （二）特征二：外来游客增速放缓，并不惊艳

从榜单上看，诸如宽窄巷子、青城山－都江堰旅游景区都属于外来游客打卡的必去景点，是外来游客来成都旅游选择的典型景区，然而可以从榜单中看到它们的增速并不惊艳，宽窄巷子的游客增量为 -6.56%，而青城山－都江堰旅游景区的增长为 7.63%，中规中矩，不算惊艳。

以往游客赴成都旅游的必去景区，如武侯祠、熊猫繁衍中心、杜甫草堂

① 资料来源：成都旅游政务网。

等都未进入榜单之中。这也说明外来游客驱动带动的旅游发展阶段在成都已经过去。

### （三）特征三：本地休闲内生增长，定位于本地市场的新老景区迅猛发展

从上述的榜单中，可以明显看出的就是本地休闲的崛起，本地休闲传统景区代表，诸如三圣乡仍然保持了 5.39% 的增长，而一大批原本定位于本地市场，在前几年并非特别火爆的景区，诸如东郊记忆、宝光桂湖等在 2017 年迎来了大爆发，东郊记忆游客量增长了 110.59%，宝光桂湖增长了 71.71%，可谓爆发式增长。同时新建的面向本地休闲的综合类文旅项目，如成都大悦城、黄龙溪，也分别取得了 27.57%、7.29% 的增长。同时本地休闲崛起也带动了原本属于外地旅游者常去的景区附近的消费，如青城山、都江堰地区（见图 25–1），但本地人过来休闲却不进入景区的非常多，这两地民宿的火爆景区人数并未大增等能充分说明这个问题。

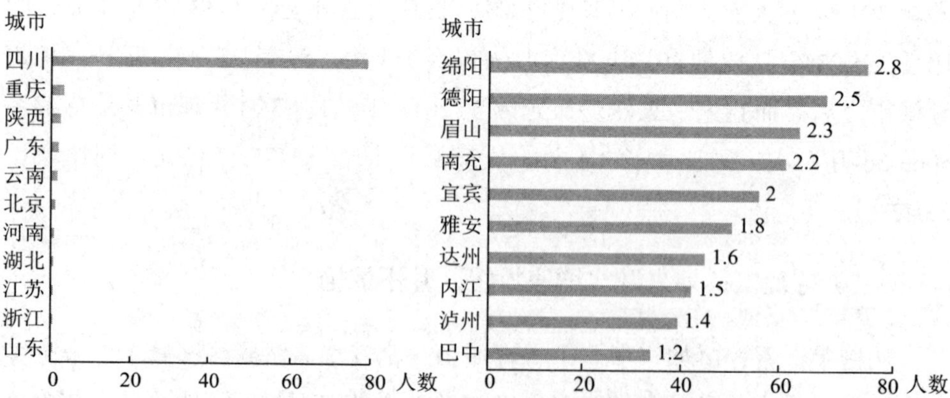


图27-1 （1）都江堰主要游客来源省份　　图27-1 （2）都江堰除成都外的省内城市游客分布

资料来源：成都旅游政务网 . cdwglj.chengdu.gov.cn.

**图 25–1　都江堰游客情况统计**

### （四）特征四：各类新兴文旅项目已经给传统知名景区带来挑战

榜单中虽然文旅项目依旧亮眼，但是可以看到的是宽窄巷子、平乐古镇、崇州街子古镇，由于受到新兴文旅项目的冲击，其增势都在放缓，甚至出现负增长。未来随着成都更多的文旅类项目入市，由此带来的分流效应将更加突出，曾经一度火热的龙潭古镇文旅项目破产就是在这个背景下发生的。反而是诸如三圣乡这样的异质项目增长较为稳定，受到的冲击较小。

## 二、当前成都本地休闲游火爆的成因分析

成都旅游发展火爆，根本上还是成都本地休闲市场引爆的。除了成都对旅游孜孜不倦地创新与开拓外，当前成都旅游火爆的原因还可以归结为六方面："产业增长、人口增长、需求增长、消费升级、交通发展、资本递进"，这六方面环环相扣，最终引发了这几年来的成都旅游市场大爆发。

### （一）成因一：产业增长

产业增长是这一切的根，2006 年开始深圳率先吹响"退二进三"的号角，东部产业转移的大幕由此开始，但彼时大规模的产业转移还未发生。从 2011 年开始，东部地区的产业发展成本急剧上升，首先是人力成本上升，然后是环境成本提升、土地价格上升、融资成本提升……2013 年"世界工厂"东莞首度出现"用工荒"，其后东部产业加速向中西部转移，不仅仅是第二产业转移，第三产业转移也非常迅猛。2015 年东部新的一轮地价上涨后，产业转移的速度大大增加，而中西部的一线城市成为产业转移的首选之地，其中成都因其人口、高校、土地等方面原因首先受益。

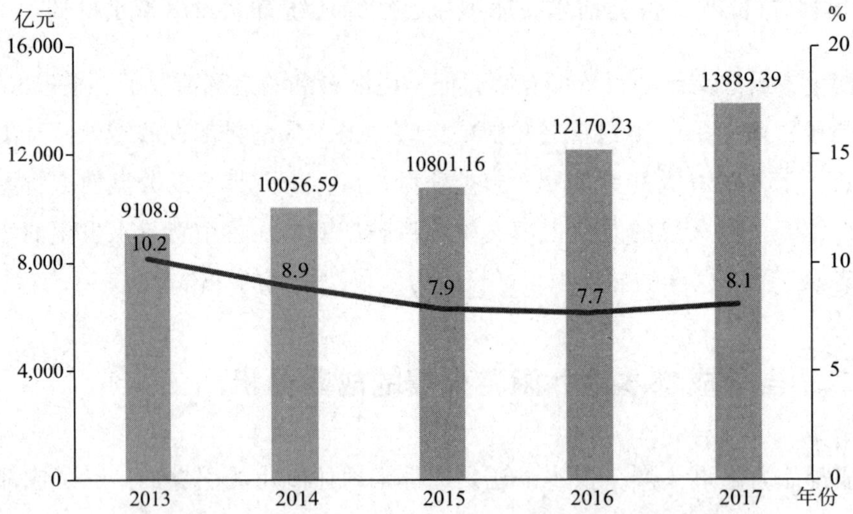


**图 25-2 2013—2017 年成都国民生产总值及其增长情况**

资料来源:《2017 年成都市国民经济和社会发展统计公报》。

富士康从深圳搬往成都吹响了东部产业向成都产业转移的号角，截至 2012 年 12 月 11 日，成都富士康科技园共建成厂房及附房 84 栋，共 1872 万平方米，员工 16.5 万人。富士康从东部带过来的苹果手机产业链公司也帮助成都本地产业迅速成型。在此之后，成都的产业发展开始走上快车道。整体的产业发展体系迁移使得成都在中国整体制造业低迷的背景下，第二产业却仍能够保持快速的发展，在整体出口、万马齐喑的情况下，成都成为增长明星（见图 25-2、图 25-3、图 25-4）。

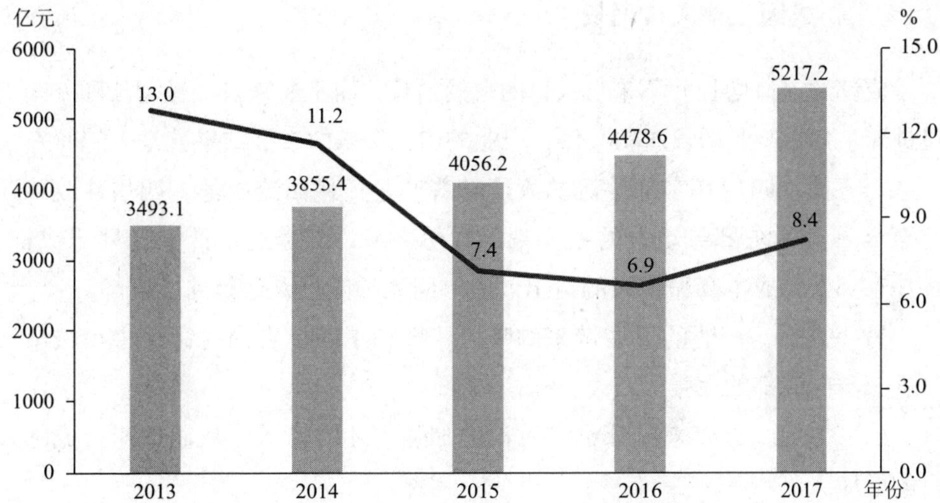


**图 25-3　2013—2017 年成都全部工业增加值及其增长速度**

资料来源：《2017 年成都市国民经济和社会发展统计公报》。

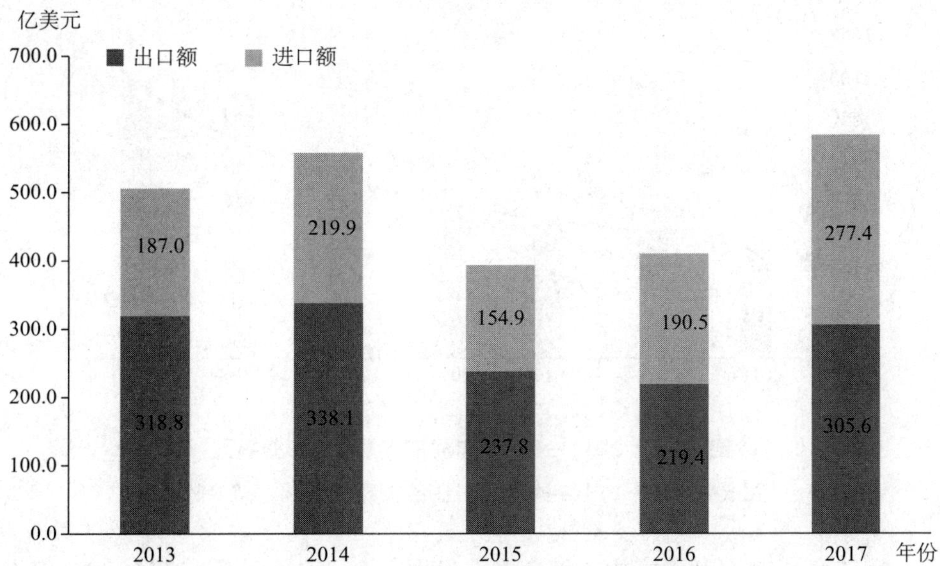


**图 25-4　2013—2017 年成都市进出口总额**

资料来源：《2017 年成都市国民经济和社会发展统计公报》。

### （二）成因二：人口增长

成都的人口增长并不来自人口的自然增长，而主要来自机械增长和外来人口进入。其中产业增长居功甚伟，产业的增长带来的直接结果就是人随业来。

一方面，四川在东部外流的人群随着产业迁移回流成都。四川从改革开放至今一直是东部劳动力的主要来源省份之一，随着这些产业迁移至成都，叠加东部生活成本高昂带来的挤出效应，回流的四川人聚集到了成都。

另一方面，产业的发展带来的吸力，推动了四川省内村镇级中小城市人口进一步向成都的聚集。

第三方面，近年来成都也有意识地加强人才的引入，从而加速了成都人口的增加。

2013 年成都常住人口为 1430 万人，2017 年成都常住人口达到 1605 万人，短短四年间成都人口增长超过 170 万人。预计到 2020 年，成都常住人口将达到 1800 万人（见图 25-5）。

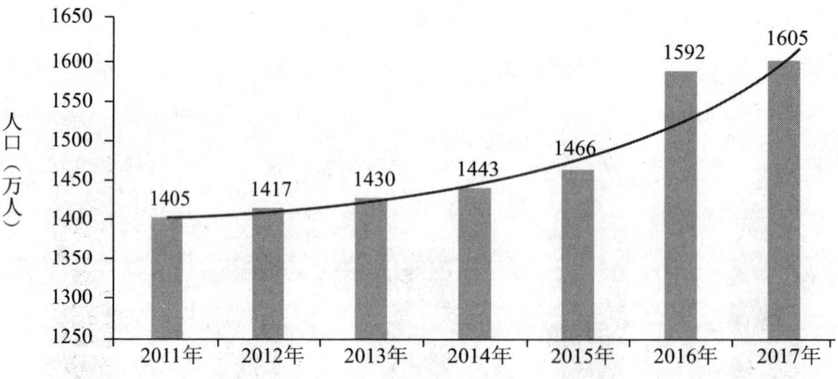


**图 25-5　2011—2017 年成都市常住人口数量图**

资料来源：根据成都 2011—2017 年国民经济与社会发展统计公报整理绘制。

2017 年成都召开国家中心城市产业发展大会，会上透露，截至 2016 年年底，成都管理的人口已达 2030 万人，一圈层核心区人口密度甚至达到 1.4 万人。产业增长促进了人口增长，已成为成都旅游发展的不争事实，这带来的直接后果就是旅游市场扩容！

### （三）成因三：需求增长

产业增长带来人口增长，人口增长带来的是巨大市场，放在旅游中就是市场需求的增长。《2016 年成都市国内旅游抽样调查报告》显示，2016 年，受访游客在蓉平均游览景点数量由去年的 1.5 个增至 2.0 个，其中省外游客在蓉平均游览景点数量为 2.8 个，市外省内游客为 2.1 个，市内游客为 1.8 个。过夜游客平均停留时间由去年的 1.9 天增至 2.0 天，其中市内游客平均停留 1.6 天，市外省内游客平均停留 2.0 天，省外游客平均停留 2.6 天，市内游客的需求明显增加。

### （四）成因四：消费升级

旅游需求的增加搅动了整个市场的节奏，同时由于产业增长，经济水平提升，个人可支配收入增加，消费升级接踵而至。2017 年，成都城市居民人均可支配收入达 38918 元，比 2013 年增长了 30%。可支配收入的提高，直接影响到人们的消费结构，使得消费开始升级，而体现在旅游方面则是本地旅游市场的消费能力显著提升（见图 25-6）。

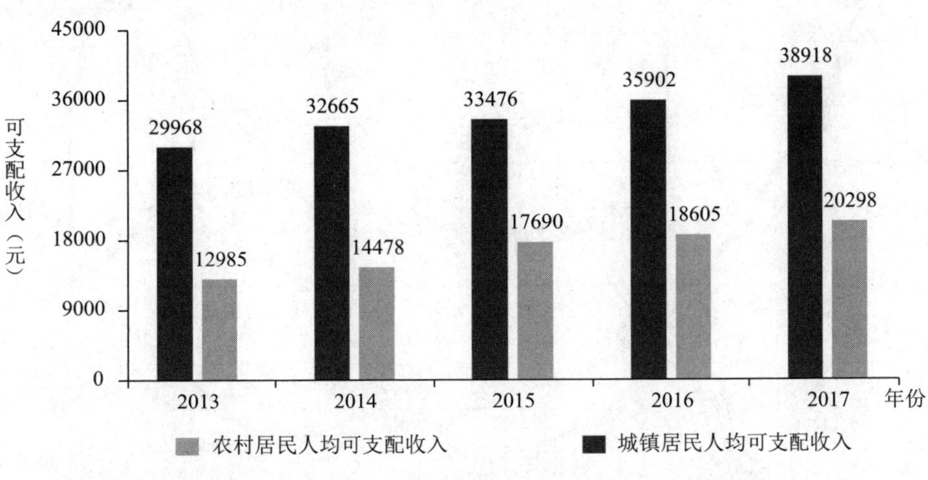


图 25-6　2013—2017 年城镇及农村居民人均可支配收入

资料来源：《2017 年成都市国民经济和社会发展统计公报》。

根据《2016年成都市国内旅游抽样调查报告》2016年国内游客在蓉旅游期间人均花费为1227.7元，比上一年（1051.0元）增加了176.7元，增长幅度为16.81%。这也能从一定程度上反映成都旅游市场消费升级的情况。

### （五）成因五：交通发展

另一方面，整个成都城市的发展迅猛，2017年年末，全市公路总里程26294公里，其中高速公路959公里。全年新改建公路（不含高速公路）1920公里。2017年，成都已经形成了环绕城市的六环结构。同时地铁发展非常迅猛，地铁客运总量7.8亿乘次，增加2.2亿乘次（见图25-7）。

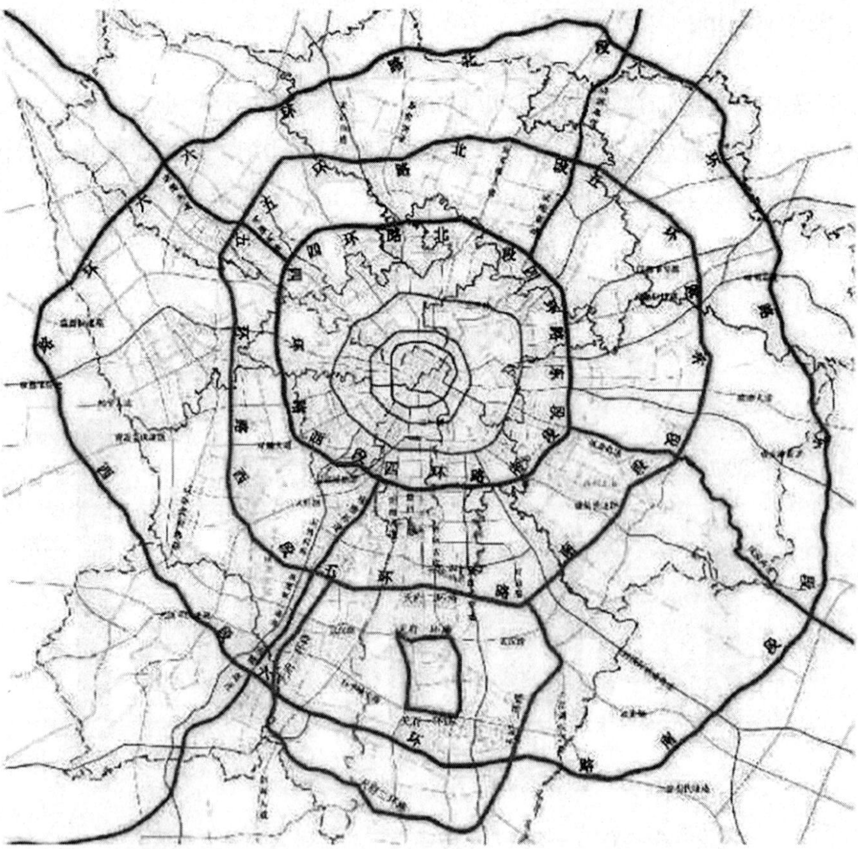

| 成都圈层构成 | 距中心半径 |
|---|---|
| 一环（一环路） | 2.8~3.5 公里 |
| 二环（二环路） | 4.0~4.6 公里 |
| 三环（三环路） | 7.0~9.0 公里 |
| 四环（G4201） | 10.5~16 公里 |
| 五环（G4202） | 28.5~41 公里 |
| 六环（G4203、S106） | 47~73 公里 |

图 25-7　成都六环距离市中心半径图

2017 年年末，全市拥有机动车辆 494.2 万辆，比上年末增长 5.9%；其中私人拥有汽车 398.2 万辆，增长 7.7%。

交通的改变及私家汽车的大发展，改变了成都人的出行方式，市内地铁的建设也改变了市内的交通。交通的改变使出行方式发生了巨大变化，改变了成都人的休闲方式，城市外围休闲将加快发展。

### （六）成因六：资本递进

产业增长、人口增长带来的需求增长与消费升级都是需求端的推动力，交通的发展改变了出行方式，而资本递进则是供给端的推动力。

大量的资本进入旅游供给端，使得传统旅游项目加快了更新改造以及拓展提升，使项目的娱乐性、休闲性得到提升，同时又有许多新的旅游景区出现，极大地丰富了现有的旅游体系，促进了成都整体旅游的繁荣（见表 25-2、图 25-8）。

表 25-2　2018 年成都市各区重大旅游项目统计

| 区域 | 项目个数（含商业） | 规模（单位：平方公里） | 总投资金额（单位：亿元） | 规模补充 |
|---|---|---|---|---|
| 武侯区 | 17 | 2.37 | 393 | |
| 成华区 | 14 | 0.71 | 456 | |

续表

| 区域 | 项目个数（含商业） | 规模（单位：平方公里） | 总投资金额（单位：亿元） | 规模补充 |
|---|---|---|---|---|
| 金堂县 | 10 | 481.73 | 859 | 3公里长水上观景长廊 |
| 青羊区 | 9 | 2.05 | 263 | |
| 邛崃 | 7 | 8.67 | 105 | |
| 龙泉驿区 | 7 | 0.86 | 92 | |
| 锦江区 | 6 | 0.24 | 160 | |
| 彭州市 | 5 | 15.41 | 91 | 90公里观光火车线路 |
| 简阳市 | 5 | 39.00 | 214 | |
| 大邑县 | 5 | 18.32 | 71 | |
| 新津县 | 4 | 124.00 | 160 | |
| 新都区 | 4 | 9.30 | 148 | |
| 都江堰 | 4 | 148.07 | 434 | |
| 青白江区 | 3 | 9.90 | 65 | |
| 金牛区 | 3 | 0.52 | 116 | |
| 浦江县 | 2 | 0.34 | 26 | |
| 郫都区 | 2 | 0.67 | 33 | |
| 双流区 | 1 | 14.86 | 500 | |
| 高新区 | 1 | 0.03 | 10 | |
| 崇州市 | 1 | – | 30 | |

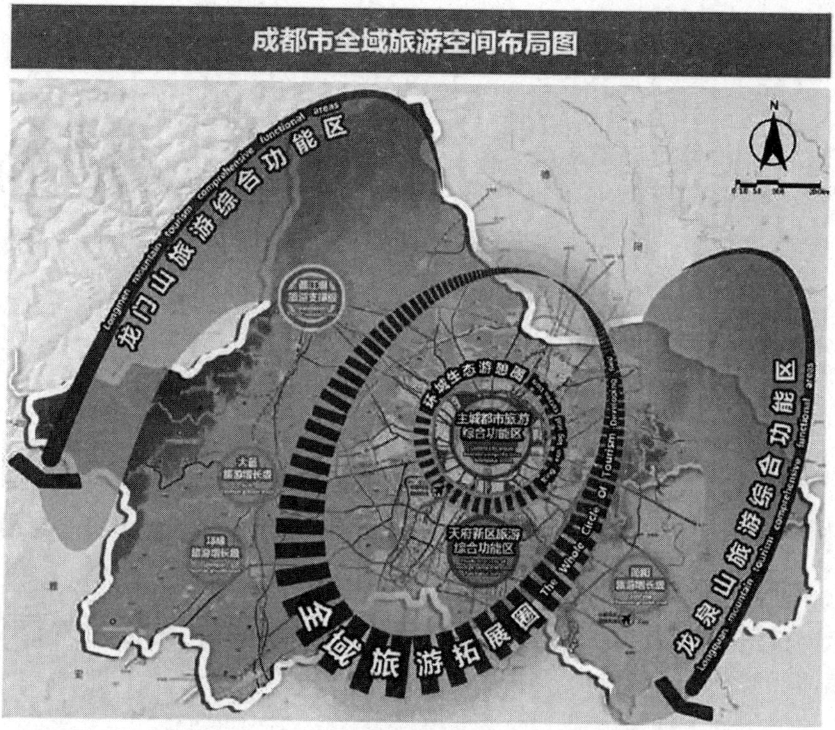


图 25-8　成都全域旅游的空间拓展图

## 小结

由于产业增长、人口增长、需求增长、消费升级、交通发展、资本递进，带动了成都旅游的大发展，使成都旅游近年来在原有的基础上更进一步发展，整体旅游形势大好，在全国名列前茅，本地休闲旅游彻底崛起，定位于本地市场的新老旅游景区迅猛发展起来。

# 第二十六章　成都（二）：文旅未来发展的九大趋势

上一章重点分析了成都旅游的发展特征及成因，那么未来成都的文旅项目将会如何发展？主要将有以下九大趋势，未来成都的文旅投资方可参考借鉴。

## 一、趋势一：城市圈层发展明显，游憩外变迁为外围带来机遇

将成都的地图铺开，可以发现成都的城市结构呈明显的圈层结构，目前成都的五环结构已经形成，第六环现在也只差闭合。根据区位论，城市圈层结构式发展中，游憩活动就会逐步向圈层的外围布局。

将成都市游客量排名前十的景区与成都的整个圈层结构联系起来，可以发现两个规律：一个是核心区文旅消费；另一个就是郊区类文旅消费。这两者是在不断变化的，主要原因就是市区的扩张。

成都在 2010 年前二环以内的市区内文旅消费较为火爆，一个直接的体现就是宽窄巷子、锦里这些文旅项目的崛起与火爆。近几年，随着成都产业、人口的急剧增加，成都市核心区由二环以内扩至三环，文旅消费也由二环内扩张到三环内，东郊记忆与成都大悦城的崛起就是在这种背景下产生的。而核心区的文旅消费往往依托市内交通，交通设施的通畅性、停车的便捷性等成为人们选择核心区文旅项目的重要因素。

核心区扩张，让都市的近郊、远郊也发生了变化，之前成都的近郊为二环至三环之间，现在扩张至三环与四环之间，远郊则扩展至四环与五环间、五环与六环间，以及六环外周边区域。从图 26-1、图 26-2 可以看到，在郊区类文旅项目中，交通区位影响巨大，其中四环内的三圣花乡紧邻四环高速；五环内的洛带古城、宝光桂湖都在出高速后车程在 10 分钟以内；五环外的黄龙溪古镇也紧挨五环；六环外的青城山 - 都江堰、街子古镇、平乐古镇都紧挨着六环高速。

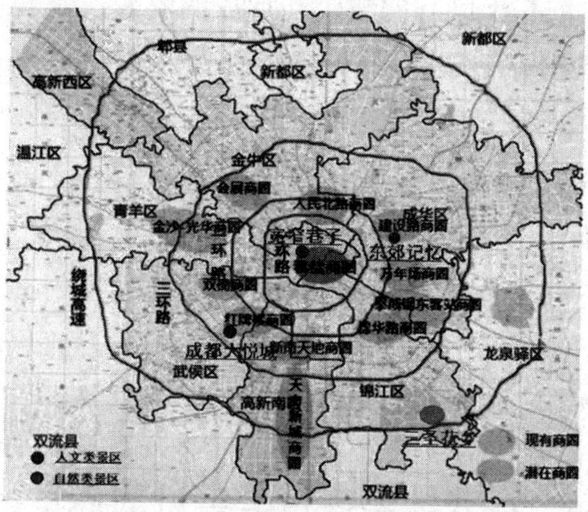


图 26-1　成都一环至四环内热门景区与商圈分布（作者自绘）

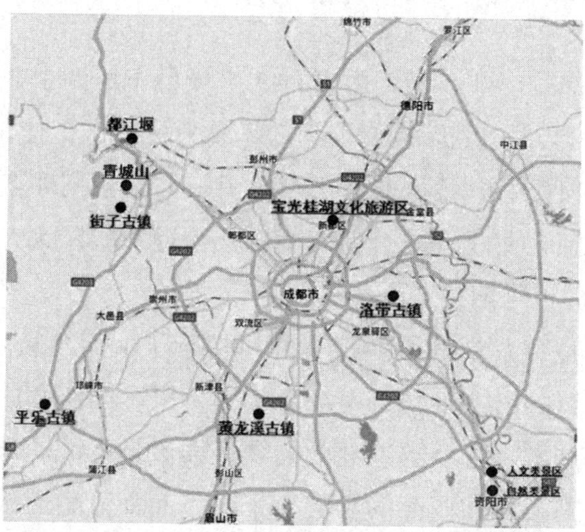


图 26-2　成都四环至六环热门景区分布（作者自绘）

## 二、趋势二：核心区文旅项目变现需倚靠商圈、郊区文旅项目引流

从核心区受欢迎文旅项目的分布来看，现有的游客量靠前的项目基本依托于大型商圈，如宽窄巷子位于春盐商圈、东郊记忆位于建设路商圈、成都大悦城位于红牌楼商圈。核心区文旅项目多以商业街区、创意园区、综合商贸区等形式为主，依托于已有的或正在形成的商圈，能够有效地实现商圈流量向文旅项目的转化，未来这一趋势还将继续。

而郊区文旅项目的变现则需要强大的引流机制，一方面是临近高速抢占有利的交通区位成为必然；另一方面是项目的规模、体量、投入与运营，大体量投入、高规格运营成为标配，独特的定位与景观成为引流的必然配置。郊区型的文旅除了三圣乡属于田园综合体之外，其余的文旅项目都集中在古镇上，加上 2017 年招商引资中的古镇项目，未来在这个区域同质化的项目如何从激烈的竞争中引流成为重要问题。

## 三、趋势三：部分文旅项目在享受圈层扩张的红利，但已有明星文旅项目在竞争中可能业绩下滑

早期进入成都二环外、四环内进行文旅项目布局的企业开始享受成都城市圈层扩张的红利，一方面，二环至三环成为核心区，使土地增值的同时，游客量也增长，项目的收益也非常可观。另一方面，三环至四环之间的文旅项目，区位也得到大大改善，由远郊型转换为近郊型，大大拉近了与市场的距离，未来的发展也可期待。

但是近年来宽窄巷子的游客量下降也拉响了文旅项目业绩下滑的警报，未来尽管随着人口的增加带来了市场新活力，但是已有文旅项目会随着新项目的增加而竞争加剧，也会随着商圈的变迁而流量下降。未来核心区文旅项目竞争力下降将来自所在商圈的影响力下降，而郊区型文旅项目的竞争力下降将来自同质化文旅项目的竞争加剧。

## 四、趋势四：文旅区域聚合将成为趋势，有望出现旅游功能为主的新区

在目前的形势下，成都文旅的发展还是以项目驱动为主，各区以招商引资为目标导向依然很明确，造成成都的近郊及远郊的项目开始扎堆产生，但是这并不意味着文旅项目的空间分布上却更加趋于分散，这一趋势本身不利于成都的旅游空间优化，本身过于分散的空间分布也不利于旅游项目之间产生集聚效应，不利于各项目之间流量的相互转化，更不利于世界级文旅区域的出现。

因此，未来的成都地区，文旅区域聚合将成为趋势，政府将会更加注重项目在区位上的聚合性，类似三圣花乡一类的大体量旅游区域将会出现。另外，为了适应成都旅游蓬勃发展的趋势，并合理地推动旅游产业的发展，成都可能会学习深圳、上海的先例，设立以国际旅游为主要导向的旅游新区，届时很可能将进一步加速成都文旅项目在空间上的集聚。

## 五、趋势五：交通深刻改变文旅项目布局，核心与外围文旅项目对交通的依赖各不相同

根据 2017 年的数据，成都的机动车保有量为 494.2 万辆，排名全国第二。其中，私家车 398.2 万辆，私家车增速达 7.7%。目前，成都的拥堵指数为 1.88，随着成都私家车辆保有度地进一步增加，成都城市核心区的拥堵还会加剧。交通限制措施的引入，必然会导致成都核心区与外围区交通方式的改变。在这个趋势下需要考虑文旅项目对交通的依赖程度。

在这种情况下，核心区由于交通拥堵、车位紧张等因素，对于公共交通的依赖程度将更加巨大。而地铁则是核心区快运量交通的首选，因此核心区文旅项目周边有无地铁、距离远近，以及地铁交会的多寡将成为决定文旅项目未来兴衰的重要指标。而综合商业类文旅项目，不仅地铁非常重要，停车场大小与便捷性也是关键。

外围区（近郊、远郊）的文旅项目则需要引流，与私家车关系紧密。一是距离出城高速的远近；二是对接交通的便捷性；三是停车场的规模。所以外围区文旅项目在这方面需要更多关注。因为在有私家车主导的情况下，从成都核心区（假定一环内）出发到出三环，虽然直线距离在20公里以内，但是考虑拥堵的情况，出三环也需30分钟左右，而一旦出三环，随着拥堵的消失，流量会去往交通顺畅的区域。而且以人开车一小时的车程计，出三环需半小时，三环外半小时以内的车程就是舒适的出游半径。这也是为什么靠近成都的六环周边区域旅游也能兴起的原因，因为高速交通顺畅，实际行车时间并不长。

## 六、趋势六：三环周边文旅形态改变，四环周边的潜力仍然巨大

随着成都城市的发展，圈层的外拓已经势不可当，随着三环成为核心区，三环内的文旅项目形态开始改变，由粗放型向精细型转变，单位资本投入会大大增加。

成都的城市外拓趋势仍在继续，按照预计，成都2020年人口将达到1800万人，未来5年人口将达到2000万人。在这种趋势下，成都三环以内不到30平方公里的面积如果继续集聚人口，将难以承受交通、环境、生态等方面的压力，而公共服务方面，如教育、医疗、养老等持续高压，都将难以为继，因此成都城市核心区向四环拓展势在必行。

可以预见，随着成都城市向外拓展，未来成都四环区域的发展潜力巨大。而在成都四环布局的文旅项目，很有可能也能享受到类似目前东郊记忆因提前在三环内布局而产生的市场红利。

## 七、趋势七：市场细分在孕育，小圈层旅游将兴起

目前成都的旅游市场是大众旅游市场，市场细分并不明显。但是可见的

是外来游客市场与本地休闲旅游的市场已经开始分异。而未来这种市场分异将会更明显，目前的本地休闲市场，仍然没有细分化，大部分的文旅项目仍然处于大小通吃的时代，不同类型市场无分别，比如高端市场和低端市场一把抓、男性和女性市场无差别，未来的文旅项目数量众多，竞争日趋激烈，如何在各自的细分市场中找到自身的定位将至关重要，现在开始筹备，未来才有在竞争中立足的可能。

与细分市场紧密相关的就是小圈层市场，特定兴趣或特定关系的人群组成的小圈层，联系比一般市场更加紧密，成员间更加熟识，流量小，但是黏度高、忠诚性好，这一部分人的旅游也将在成都兴起。部分特色文旅项目如果能够与特定的小圈层绑定，将能够带来很好的增值效应。

## 八、趋势八：古镇类文旅项目将持续投入，但异质类的项目将持续吸金

从目前的投资来看，古镇类或造城类的文旅项目仍然受到巨型投资的青睐，因其背后有着强烈的押注土地增值的预期。但就目前来看，虽然成都及其周边的古镇类及造城类文旅项目已经对成都实现了合围，但古镇的差异性却没有体现出来，未来本地市场时间质化项目的审美疲劳也将越来越大，各路古镇内卷竞争将愈演愈烈。

而一些异质类项目，如生态类、庄园类、儿童乐园、亲子乐园等，由于巨大的人群依托，且具有明确的细分市场，将会持续吸金。

## 九、趋势九：巨鳄投资的时代，精品型文旅项目也有胜出的机会

随着成都土地价格的上升，无论是在核心区还是在近郊、远郊，成都文旅投资都已迈进巨鳄投资的时代，动辄百亿元的项目也是层出不穷。这些巨鳄投资体量大，同样也承受着短期内回收难的巨大压力，如果地产收益不及

预期，这些项目同样存在巨大的风险。同时，由于古镇类项目的成批涌现，造成未来 2~3 年，成都周边古镇成灾的现象也将出现，市场流量将被摊薄，届时文旅竞争将进一步加剧。

在巨鳄投资的时代，并非没有其他文旅机会。轻资产、重运营的精品型文旅项目将站在成都旅游发展的风口。精品型文旅项目，将更加注重细分市场，在巨大的市场中优选出自己的忠实客户，在文化上、运营上、管理上精益求精，实现市场的稳定扩展。

# 第二十七章　栾川（一）：政府主导型旅游发展模式的发展分析

最近在微信朋友圈频繁刷屏的是栾川，最火爆的莫过于栾川政府宣布“自驾游栾川·高速我埋单”，开启了第二届栾川旅游高速免费的热潮，自2018年7月20日0点至8月20日24点，共32天（含5个周末）。所有从洛栾高速栾川县境内的栾川站、重渡沟站下高速的，7座以下（含7座）客车，免河南省内高速公路通行费。2018年8月4日，栾川单日接待游客数创历史新高，全县接待游客13.33万人次，打破2017年高速免费单日10万人次的纪录。栾川县在旅游发展中创造了“栾川模式”，本章将对栾川模式进行相应的分析，后续对这种模式是否可持续的问题进行初步探讨。

## 一、“栾川模式”是什么？

栾川模式就是“政府主导，景区和涉旅企业联动，免费式拉动市场，密集式营销，全部门运动式管理”的区域旅游发展模式。

其中“政府主导”是核心，通过政府牵头成立旅游领导小组，由县委常委担任旅游领导小组组长，副县长担任旅游领导小组执行副组长，整合政府对旅游进行主导。而且这个主导不仅是一个虚的事物，而是在宣传、营销、定位、发展方面的全面介入。栾川旅游已经全面地形成了政府主导，政府制定营销政策、政府主导景区升A申报、政府沟通协调部门执行、政府开拓市场、政府统筹市场资源、政府协调景区及涉旅企业的全面政府主导局面。以申报为例，通过努力，老君山·鸡冠洞成功创建国家5A级旅游景区，抱犊寨成功创建国家4A级旅游景区，A级旅游景区数量居全国县级前列。

“景区和涉旅企业联动”是配合，是在政府的主导下，全县旅游企业及涉旅企业一盘棋，由县旅游领导班子在一定时间内统一调度，尤其是调动县内的景区依次免费、部分的住宿半价、部分加油站给予折扣等方面，在县政府统一领导下让全县旅游实现联动，再通过县政府整合的公众号及媒体平台进行统一宣传引流。

“免费式拉动市场、密集式营销”是手段，就是以免费作为最大的噱头进行市场拉动，然后针对目标市场进行密集式营销。一是高速免费，从7月20日开始，凡是进入栾川的7座以下小汽车直接免费。二是景区免门票或门票半价，从8月1日开始栾川的旅游景点陆续免费，8月1日，竹海动物园免门票；8月2日，天河大峡谷免门票；8月3日，报犊寨免门票；8月4日，老君山、龙域湾、伏牛山滑雪度假乐园免门票；8月5日，龙域湾免门票。另外还有鸡冠洞等景区门票半价。三是部分民宿、宾馆半价，如8月1日重渡沟景区内278家星级农家宾馆及星级酒店半价。四是指定加油站，加油优惠0.3~0.5元/升。通过免费高速、免门票、住宿优惠等来实施重点的拉动市场。并从5月开始向郑州、洛阳等重点市场进行重点造势，通过《河南日报》、大河网、《洛阳日报》、洛阳网等官方媒体及栾川本地自媒体集中造势，尤其是进入7月以来进行密集式宣传，形成营销影响和旅游合力。

“全部门运动式管理”是保障，就是以旅游领导小组为主导，形成全县一盘棋，在活动期间，全县所有的部门运动式动员，全部来服务旅游、管理旅游，交警、公安配合维持秩序，政府公务人员形成管理团队应对管理的局面。如同国内其他城市进行“文明城市”评比或者生态环保考评一样，在栾川高速免费这段时间，刮的是旅游运动式管理风潮。

这就是“栾川模式”，其本质就是利用政府的行政力量，接棒市场之后，全面主导旅游开发、发展与管理，深度介入地方各个旅游环节的模式。

## 二、“栾川模式”不是特例，政府的手在旅游领域越伸越长

栾川模式”特殊吗?

不特殊。因为政府大规模介入旅游发展已经蔚然成风。

“栾川模式”特殊吗?

特殊。因为它的手伸得最长，短期内效果最明显。

这些年来，随着旅游作为实现“绿水青山就是金山银山”的重要路径，以及旅游作为“精准扶贫”的重要方式，相比于旅游带来的经济效益，旅游带来的政治意义不断提升，各地政府开始积极主动介入旅游开发与管理，这已经成为一种流行趋势。

初期，有个别地市县政府为了拉动本地区旅游，由政府出面对重要的客源市场进行政府公关，比较有名的就是各地旅游专线的出现，比如“深桂专线”“张凤专线”“扬镇专线”……这一时期依然是政府做协调，企业为主导。

但慢慢地就开始政府做主角了，比如部分地区开始探索定向高速抵免门票，从而拉动旅游，例如贵州部分市县州为了吸引广东游客，实行广东游客高速收费或者高铁票抵扣景点门票的举措。

之后又经过发展，部分地区政府的步子越迈越大，部分地方政府开始与目的地旅行社或者大型客源地商议，由政府进行大巴车费埋单，并倡议部分景区免费，如重庆部分区。当然也有部分地区政府直接补贴游客的，而且这些年力度已经越来越大了。

外部的拉动政府越来越积极，在内部的资源整合方面，政府也是如此。现在政府主导申A、申遗工作已经不是什么新闻了，申A、申遗前的政府垫资也是默认之举，各地方的景区国进民退也在如火如荼地进行，加上政府直接出文要求景点降低或免门票也已经或正在发生，政府在旅游领域的手正在越伸越长。

但栾川是发展到现在比较特殊的，因为它在政府主导旅游发展这一块走得最远、力度最大。政府在旅游资源的统筹方面的力度最大，在政府行政管理与旅游统一调度方面的力度最大，造成的影响力也是最大的。短期的效果

就是栾川全年接待游客1331万人次，实现旅游收入75.6亿元。而自本次高速及门票免费以来，8月4日，接待旅游人次超13万就是一个巨大的飞跃，因为栾川整个县的人口只有34万人，外来游客人数超过本地人口的1/3。

## 三、“栾川模式”，图什么？

那么栾川模式，短期内，图什么？可以从经济效益与综合效应两个方面来看。

### （一）面上经济上略亏

其实可以简单地计算一下，从百度指数可以看到栾川的主要搜索地域就是河南省，而集中搜索的城市就是郑州、洛阳、南阳、新乡等市。

以客源市场郑州为例，在此情形下从郑州客源市场吸引来的游客是否划算？郑州市中心至栾川的距离大概为260公里，单程的收费为125元，游客赴栾川旅游一般为两日游，其中有四顿餐饮及一晚住宿在栾川进行，两日游，如果精打细算，按照免门票来安排行程，那么基本就只剩下住宿和餐饮了，住宿在栾川100~300元均有分布，取200元折中，餐饮按照40元/顿的标准计算，大致的营收能有360元左右，扣掉住宿本身成本、餐饮成本，按50%计，约为180元，栾川还能从每位郑州游客身上赚到50~60元，看似栾川还是精明的。但是要再加上栾川前期的营销费用、发动各部门进行配合的费用，以及部分住宿半价的耗损，可能郑州游客方面，扣掉这部分的费用的话，能够维持基本的平衡就不错了，甚至还会略有亏损。南阳、新乡的游客也是类似情况。洛阳本地游客而言，那就是纯粹的亏损了，因为基本一日游为主，基本很难有盈余。

### （二）更多是综合效益

经过上面的粗略估算可知“栾川模式”在经济上是略亏的，但为什么一件略亏的事情，栾川还乐此不疲呢？因为综合效益更高。

（1）数据亮眼、促进引资。

以栾川模式营造的旅游数据，放在中国的任何一个县，都是足够亮眼的，因此 2017 年国家发展改革委等 14 个部门联合印发的《促进乡村旅游发展提质升级行动方案（2017 年）》中，将栾川列为热门乡村旅游目的地加以经验推广。

随着典型的树立，随之而来的就是旅游招商引资的顺利进行，2017 年以来栾川的招商引资，尤其是文旅方面的招商引资迅速加快，以一个小产业的火热带动相关的招商引资全面发展，这是栾川县政府需要的第一个综合效益。

（2）政治效应明显。

更为明显的是政治效应，在全国进行“两山”战略探索的背景下，在“精准扶贫”攻坚的战略背景下，栾川统筹全域旅游资源，带来巨大的旅游效应，这一点的政治意义巨大，因此“栾川模式”成为乡村旅游的发展典型，成为这两年的发展明星，这一方面，影响已经超越了旅游，在其他方面更显突出，这可能才是真正的效应所在。

“栾川模式”是政府主导旅游发展的重要案例，它的内涵是“政府主导，景区和涉旅企业联动，免费式拉动市场，密集式营销，全部门运动式管理”式的区域旅游发展模式，在经济上略亏，但是在综合效益方面短期能够获得较好的效益。下一章，我们将讨论这种模式是否可持续。

## 四、“栾川模式”，创新在哪里？

前面我们谈了“栾川模式”的基本内容与效果，下面我们来谈一谈“栾川模式”的创新在哪里？

不论承认与否，从现阶段来看，“栾川模式”是一种创新，它提供了一条在经济相对不是那么发达，旅游资源又非顶级的地区，通过政府统筹旅游资源、统筹行政资源、统筹社会资源、统筹效益分配，集中全力全民式发展旅游的路径，它的效果在短期内也非常明显，在国内其他县市还无法做到四个统筹的情况下，它能够率先一步实现全域的整合，能够精准地把握市场，能够在局部引爆市场，并带来区域旅游的发展，这是其他地方所不具备的，是一种真正的创新，总体而言有以下三个方面值得借鉴。

### （一）流量思维

“栾川模式”是流量思维在县域全域旅游中的运用，所谓的流量思维，就是从旅游流量的角度来看待整个旅游的发展，流量思维要注意旅游流量从何而来、去往何处、如何转化。很明显地可以感受到“栾川模式”中对流量思维的运用。

**1. 旅游流量从何而来？**

从栾川的操作中可以看到，其非常明确的是它的旅游流量就是省内旅游流量，它的主要客源地就是郑州、洛阳、新乡、南阳等市，这些市是河南省人口最多的城市，经济发展水平也在产业向中部转移之后快速地发展起来了，因此作为栾川县，它要吸引的就是省内这部分流量，而最直接的手段就是省内高速免费。这一点在栾川模式中是非常明确的，栾川并没有一开始就将流量市场进行广撒网，而是进行了集中，这一点就是非常难得的。之后再以省内流量带动全国流量。

**2. 流量往何而去？**

流量吸引过来，最终要流向哪里？

栾川在这方面也进行了很好的设计，一般的县域旅游流量过来都是以点为主，即旅游景区，旅游者分散到各个旅游景区，按照各自的喜好，买票观光然后离开。但是在“栾川模式”中，流往何处却经过了精心的设计，政府主导的不同景区的免门票策略，成为旅游者的流量指引，通过官方发布的省钱线路，引导了旅游者按照有序的线路，而非散乱的点进行旅游流量的分配，在很大程度上实现了旅游流量从点到线的流动发展，也带动了各个区域的共同发展。

**3. 流量如何转化？**

第三个就是流量转化的问题，目前全国许多的旅游流量都是一次性消费旅游流量，因此从一次性消费旅游流量向多次消费旅游流量的转变就至关重要。在栾川模式中，要将简单的旅游流量转化为更深层的流量，将观光的流量转化为住宿的流量、餐饮的流量、购物的流量，如果流量吸引过来只是简单地流向景区，那么很可能流量就是一波流量，只为景区带了一波节奏，然后就结束了，栾川在这里更清楚的是流量要往下沉，因此主要的景区也只是流量的一个通道，流过，但同时能往下继续流，因此，主要的景区也实施分阶段免门票，这样使这股流量经过景区后还有余力往后续流下去，流向哪里？住宿、餐饮、旅游商品……只要能够过夜，这股流量就能够加以沉淀，就有更多的形式能够加以利用。

这就是“栾川模式”中的流量思维，流量在哪里？流量去哪里？流量如何转化？路径非常清晰，执行也非常到位。这也是“栾川模式”在县域旅游发展中的重要的创新。

### （二）操盘思维

“栾川模式”的第二个创新就是操盘思维。当然说到操盘思维，就不得不提一个词语就是“公司化运作”，放在城市领域中就是“城市运营”。城市运营由来已久，此处不细说，在“栾川模式”中能够明显看到“城市运营”的痕迹，将整个栾川县当作一个重资产旅游公司来看待，然后运用操盘思维来进行整体化的旅游运作，在至少三方面进行了精准的操作：（1）是什么？做什么？（2）花多少钱？办多少事？（3）在什么时候？办什么事？

#### 1. 是什么？做什么？

栾川旅游是什么？栾川旅游要做什么？

这是操盘思维首先要解决的问题，栾川旅游是什么？栾川是一个中国二线城市洛阳市的边缘县，洛阳在改革开放四十年来城市地位一直稳中有降，而栾川的旅游资源与洛阳市区相比不够丰富，与旁边的西安市相比，更是有较大差距。如果将栾川看作一家旅游公司，可以说放眼全国，资源、市场都不够优秀，但是放在河南省内，栾川又算风光秀丽，气候适宜。这便是栾川旅游。

栾川旅游要做什么？如果是作为一家旅游公司看待，在整个河南省中，如过江之鲫，非常普通，那么要做什么？栾川旅游首先想到的就是要引爆，宁鸣而死、不默而生。旅游就是这样，如果一直默默无闻，那就可能一直沉默，因为有太多的旅游地了，像栾川这样的地方，在中国还有很多。因此，栾川就是要引爆、要营销、要宣传、要脱颖而出！

这是栾川模式操盘思维首先要明确的，这一点栾川已经做得很好。

**2. 花多少钱？办多少事？**

“栾川模式”的精准操盘的第二个非常好的地方在于投资带来的回报远超预期，很多地方要引爆、要宣传，就是一窝蜂去做广告、去补贴，结果预算花完了，效果还不好，因此要注重操盘，就是要花多少钱？要办多少事？

整个“栾川模式”的操盘过程中，可以看到，其实花钱并不那么多，但是效果却非常好。

第一，就是宣传方面的花费与计算。栾川在宣传方面的投入也是非常精准的，主要的市场郑州、洛阳、南阳、新乡都有密集铺开，使用的媒介基本就是纸媒、网络和微信公众号，成本都不算高，但带来的覆盖效果却很好。这与某些地区动不动就是央视、省级卫视、国家门户网站做广告等大为不同，花钱少而效果好。同时在活动过程中跟进宣传，不断地通过县电视台、网络、微信公众号拉动实时的热潮。

第二，就是效益的计算方案，即收益与回报。比如，高速免费与门票免费，这是很大的噱头，但是真正要付出的是多少？将来的回报是多少？这些都要有一定的预估。之前就有过计算，实际上外市游客来栾川旅游，总的来说，栾川在经济上的收益还是略亏的。加上民众的所得，到转化为税收，这部分能带给县财政的收益实际上还要有所减少的，因此能花多少钱？要事先预估好。同样地，门票免费，是全部都免，还是一部分一部分地免，分日期分时段地免，还是一股脑儿全免，里面都是要经过成本计算与操盘的。如果全免，就会带来经济上的巨大损失，但现在栾川这种免费模式，游客总会去几个收费的景点，这就相当于景区门票打折了。

第三，就是附赠品等的花费，这方面很有旅游景区的思路。在整个活动过程中，会有赠品、土特产打折、免费茶饮……多种的附赠小品，这些花费少但是能够形成较好的效应。花钱不多，宣传却能找到点，能精准到位。

**3. 在什么时候？办什么事？**

“栾川模式”的操盘思维还体现在什么时候办什么事上。

在操盘前期，明确引爆的内容，制订引爆的计划，明确引爆的时间节点。

在高速免费的前两个月，开始在省内主要城市造势宣传，预热要引爆的概念。

在高速免费的前两周，开始密集式地造势宣传，结合暑期的到来，开始在河南省营造独特的氛围。

在高速免费开始后，全程跟进，进一步实时报道动态，营造火热态势。

在景区免费过程中，及时跟进，部门联动，全面协调。

在此轮活动过后，积极总结，整改提升。

各个阶段的操作非常明晰，简单、易懂。

## （三）统筹思维

所谓统筹思维，就是“栾川模式”在整个发展过程，将自身视作一个整体，全县旅游视作一盘棋，进行全面的统筹，统筹旅游资源、统筹行政资源、统筹社会资源、统筹效益分配，全面发展全域旅游。

**1. 统筹旅游资源**

“栾川模式”是全面统筹县域内旅游资源的模式，对全县所有的旅游资源进行全面梳理，分清资源的重要程度，对不同等级的资源采取不同的对待方式，有能力冲击 5A、4A、3A、2A、A 的景区，分别进行梳理，政府领衔、鼓励、引导不同等级景区进行申报。

同时，对不同的旅游资源适合何种开发方式，政府也有相应的指导，是民宿？还是观光？还是其他？分类区别对待，不让单一的品类一窝蜂地上。

对于旅游及涉旅企业也是如此，政府统筹了所有的旅游企业及涉旅企业，在后面的统一行动中，让他们能够听指挥，而不是胡乱经营、散乱发展。

**2. 统筹行政资源**

“栾川模式”中的统筹行政资源不仅包括成立旅游领导小组，理顺旅游发展的行政关系，加强各部门与旅游的配合，还有统筹各部门资源，以及合理利用来自各个部门的国家、省市级优惠政策。例如，栾川能够实现河南省内高速公路免收费，就很有可能与栾川是交通运输部对口扶贫县相关。栾川能够充分地利用国家、各部委、省市的各种优惠政策，统筹行政资源，相信在未来的招商中，还能积极利用精准扶贫、特色小镇等方面的各类政策。

**3. 统筹社会资源**

"栾川模式"是全民旅游促销、全民旅游发展的模式，因此在统筹社会资源方面也有诸多探索。统筹社会民宿、社会基础设施、购物等各方面的资源，统筹全县的宣传口径，让全县自动加入旅游事业中，加入旅游促销营销中，从而实现整体的有序发展。

**4. 统筹效益分配**

在"栾川模式"中，统筹旅游各个环节的效益分配至关重要，为配额整体的发展，部分的景区、部分的民宿甚至部分的加油站等都有一定的让利，那么总体统筹效益的分配，让各个参与单位都能够从中获益，事后皆大欢喜就成为重要的手段。

"栾川模式"是资源与经济都较为普通的区域走出的一条全域旅游发展道路，它的创新就在于它的流量思维、操盘思维与统筹思维。

## 五、"栾川模式"，风险在何方?

前两节重点讲述了"栾川模式"的内涵、利益诉求以及"栾川模式"的创新之处，但它也存在发展风险。

"栾川模式"的风险在哪里？归根结底，栾川模式是一种由政府主导的，短期内进行产业强刺激的模式，虽然在旅游方面有流量思维、操盘思维、统筹思维，但后续的风险一点也不小，本书认为它主要存在以下八大风险。

### （一）易被模仿，应对模仿者成疑问

"栾川模式"提供了一条前期的引爆操作路径，但是这种短时间、密集

型、运动式的操作，是非常容易被省内其他的县市所模仿的，而且可能别的县市力度更大，在这种情况下，栾川被分流也是可以预见的事。如何应对“栾川模式”的模仿者，这可能是明后年栾川就要面对的问题了。

### （二）强刺激效果在衰减，持续引流成问题

“栾川模式”通过高速免费、门票免费实施强刺激，这种刺激的效应是会递减的，人们面对同样刺激的欲望会减弱，要达到同样的效果就需要更大更强的刺激，但未来栾川是否还能推出比目前更大力度的刺激？会不会得不偿失？未来是否还有这么大的财政力度支持？这些都很难保证。

因此，未来如何持续地引流，就成为巨大的考验，而其实这一趋势近年已经开始呈现。“栾川模式”，从 2017 年开始高速免费，当年便引起了巨大的轰动。但是当2018再一次进行高速免费引流的时候，这种效果已经开始变弱，2018 之所以还能够持续火爆，是叠加了景区门票免费、住宿半价等一系列强刺激效果。

这一趋势从百度搜索指数中就能明显看出。栾川近三年的百度搜索指数平均数为 950，在 2017 年的强刺激下，搜索指数一度达到 1926，但是从 2017 年 9 月开始，栾川的百度搜索指数就急剧下降，直到 2018 年 7 月再次实行旅游强刺激后有所回升，但搜索指数仍然达不到前期高度，说明旅游强刺激带来的引爆效应正在逐步削减，未来如果还要进行类似的强刺激，需要的力度将会更大，而效果可能会更弱。

### （三）强者不强，新的旅游增长点培育成难点

用“栾川模式”来引爆旅游，即本身尚属不错的旅游营销推广，在精准操作下，效果会非常明显。而一个地区的旅游，要引爆，其实只是第一步，接下来的旅游持续升级才是关键。

目前的栾川旅游大都还停留在观光阶段，吸引的人群消费层次也不高，与浙江的“湖州模式”比起来，消费层面低太多。没有强刺激，人们主动前往栾川的欲望也不强，而栾川这两年培育的旅游新增长点也并未出现，强者

不强，除强刺激外，没有能够主动引流的其他增长点。这一点，从人们对栾川的关键搜索词汇自 7 月 23 日至今的需求图中就可以看出来如图 27-1 所示。

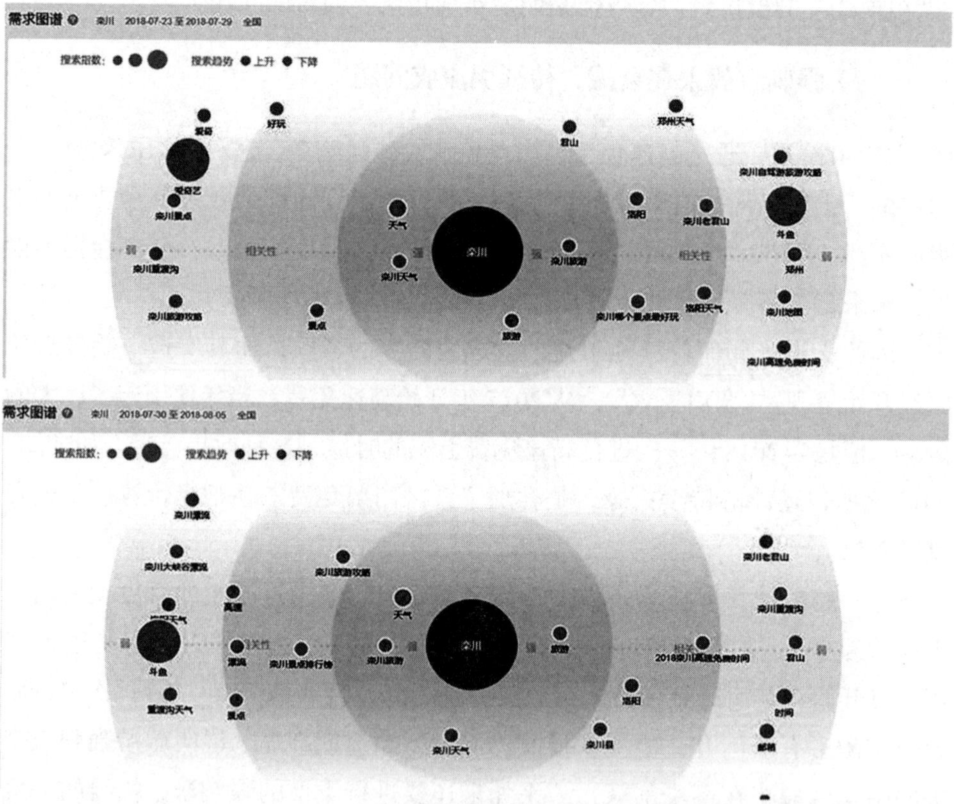


图 27-1　2018 年 7 月全国搜索“栾川”的需求图谱

从需求图中可以看出，栾川旅游的强者不强，弱势景区就更没有存在感了，无知名景区的核心引领成为重要的问题。从图 27-1 中可以发现，7 月 23 日至 7 月 29 日对栾川的搜索，核心第二圈层以栾川天气、栾川旅游这些模糊的字眼为主，第三核心圈层才出现一处景区“老君山”，第四圈层中才出现“重渡沟”，可见栾川并未培育出新的明确的旅游增长点。而在 7 月 30 日至 8 月 6 日的搜索中就更加突出，诉求更加不明晰，且景区搜索热度在持续下降。未来如何突破强者不强的局面，是一个重大的考验。

### （四）高峰式体验，为后续扭转形象带来后遗症

从“栾川模式”实践以来的栾川旅游往往都在一种高峰式体验中度过的，这种趋势从 2017 年栾川开始尝试高速免费后就愈演愈烈，高峰时期以十万人左右的游客流量冲击这座人数为 34 万人的县城，意味着县城每 3 个人就需要服务 1 个外来游客，事实上只论旅游接待人员及相关参与人员，平均每个接待者需要服务的人数至少在 50 人，因此高峰体验难以避免：道路拥堵、就餐拥挤、景区内人潮涌动、住宿难寻、酷暑难耐、设施难挤、处处排队……

高峰体验在当时可能只是抱怨，但是在事后就会转变为负面评价，尤其是整体的景区并没有高质量提升的情况下，高峰式体验带来的印象很可能固化，这种负面影响会严重影响后续的转型。

### （五）全民式营销，内部提升动能不足

“栾川模式”是一种全民旅游营销模式，据不公开渠道的消息，甚至出现过全民皆兵，公务员及企事业单位甚至出现过门票替代部分工资的手段。栾川展开全民营销，县内的所有部门、涉旅单位及相关单位全部行动起来，公务员、公安、企事业单位人员都需要在旅游高峰时期主动负责维持旅游秩序。

这种全民式营销，或者也可以称为运动式营销，带来的效果就是领跑者动能十足，但是跟跑者动能不足，很多情况下由行政命令代替市场运作，导致地方创新能力不足，因此不少去过栾川的人感受就是“总体比河南其他地方好一些，但是也没有什么特色性的东西”。

而且全民式营销在取得一定效果后，就会出现既得利益者，也会有利益不均者，未来这些旅游既得利益者是否还愿意团结一心，利益不均者是否愿意持续上下一致来进行统一营销，这也很难说，毕竟共患难易、同富贵难。

### （六）领导更迭，政府主导型旅游发展的命穴

“栾川模式”是一种政府主导型的旅游发展模式，在这种模式中，政府领导的意志、执行力等至关重要。领导是否懂旅游、是否能够调动一切资源发

展旅游、是否能够精准地进行每一阶段的操作、是否能够协调区域内的各方关系，是“栾川模式”这一类政府主导型的旅游发展的关键之处。

### （七）旅游过热投资，为未来埋下隐患

目前而言，“栾川模式”在强刺激下，在县财政的腾挪下、在景区的协调让利下，让旅游民宿、餐饮、购物等方面的经营者有了较好的回报，年度千万游客，月度百万游客的巨大流量势必会带动当地旅游的大投资局面，为旅游而进行的基础设施、项目等各方面的投资必定纷至沓来，甚至可能会兴起县内全民旅游投资建设热。

但这种旅游投资建设热是需要警醒的，因为它能够收回成本甚至盈利的基础是未来游客量还会持续不断地增加，但是随着促销效果的逐渐减弱，可以预计未来的游客量会陷入停滞，甚至可能会有倒退，那么现在的许多过热投资不仅处于高位，很有可能还是一种巨大的浪费，会为未来的发展埋下隐患，毕竟这些投资也是以透支资源为代价的。

### （八）增强了季节性，不利于长期发展

旅游是季节性非常强的产业，一般而言，5—10月是旅游旺季，其他时候为旅游淡季，发展旅游产业需要尽量地降低旅游季节性，尽可能地延长旅游旺季。

而“栾川模式”，其实却是起到了增强旅游旺季的效果，而且是将旅游者短时间地集中于一个月，最集中的时间段在8月1日至8月6日，导致的结果是旺季更短，淡季更长，不利于长期发展。

**小结**

虽然“栾川模式”有诸多创新之处，但是其他地方并非能够盲目学习，它存在易被模仿、强刺激效果衰减、新增长点难培育、高峰式体验隐患、内部动能不足、领导更迭的不确定性、过热投资的回报隐患、季节性增强的隐患八大风险，各地需要谨慎学习借鉴。

# 第二十八章　栾川（二）：旅游模式可复制吗？

上一章中，我们已经分析了“栾川模式”的内涵、影响、创新之处、风险所在，作为本系列最后一篇，将讨论“栾川模式”的关键问题与适用前提条件，从而方便全国其他地区在借鉴之时，能够首先思考一下，自己所在的地区是否合适借鉴或能够采用这种模式？

## 一、“栾川模式”的关键之处

“栾川模式”作为一种政府主导型的区域旅游发展模式，关键词就是“政府”和“主导”，分拆开来，它的发展有以下三个关键之处。

### （一）关键一：稳定的主政官员能够真正懂旅游、懂政治

“栾川模式”中真正的关键之一就是“政府”，而且不是一般的“政府”，是由真正懂旅游的、同时又是真正懂政治的主政官员组成的“政府”。

真正懂旅游，才能够对所在地区的旅游资源知根知底、才能知道市场在哪里、才能知道本地旅游处于什么阶段，才能将旅游作为抓手，一步步取得成功、一步步为下一次旅游的爆发积累经验。

还要真正懂政治，才能够大胆地启用类似“栾川模式”中的诸多举措，才能够有效地调用上级、本级及下级的一切行政资源，全力投入旅游发展之中。

另外，还需要这些主政官员是稳定的，至少应当有3—5年的稳定主政，

这样才能够一步步地贯彻自己的思路，让主政思路能有时间让政府人员统一思想，让区域从业者理解消化思路，从而完成既定的任务与目标。

### （二）关键二：积极开拓型政府稳定节奏向前发展

还是说到“政府主导”四个字，这里的“政府”是积极开拓型政府，就是通过主政干部能够在政府内部形成积极开拓的态势，这样的政府上下一心，甚至能够在工作时间之外的时段内，要求政府及企事业工作人员加班加点，积极为旅游拓展服务。同时也能够积极主动地去寻找政策优惠，利用优惠政策为本地旅游发展争取发展条件。

这个积极开拓型的政府还必须能够把握旅游发展的节奏，既不过于超前、好大喜功，又不瞻前顾后、患得患失，政府把握节奏后，能够通过一系列举措，一步步地践行区域旅游发展思路，实验旅游发展路径，慢慢完善地区发展的思路，从而保证地方旅游健康有序发展。这一点尤为难得，因为官员有政绩考核压力，一旦地区发展稍有起色，很多官员容易陷入“大干快上、高歌猛进”的套路，最后反而一败涂地。

### （三）关键三：能够形成政府主导下的健康联动机制

“政府主导”非常关键，要在政府主导下形成“政府 + 业界 + 社会”的健康的旅游联动机制。在“栾川模式”中，政府一马当先，但政府能够做的毕竟是有限的，这就需要政府能够建立“政府为龙头、企业为躯干、社会为支撑”的联动体系，“栾川模式”中，通过政府一步步地服务旅游企业，加强旅游企业的协调互动，建立政府与企业间的有效联动，让企业能够充分地理解政府行为、配合政府行动、支持政府计划；通过政府与企业建立的友好联系，再让利于涉旅企业，使得全社会配合政府的旅游发展政策，这也是一个长期的磨合过程。

一旦形成这种健康的联动机制，政府的政令能够有效贯通，企业的诉求也能够及时反馈，同时社会舆论与社会行动方面还能有效推动，对于营造友好型的旅游地而言有着莫大的好处。

## 二、"栾川模式"的适用前提条件

在本次栾川模式分析的最后一部分，还是要明确它的适用前提条件，它不是每个地方都能用的，总体而言，借鉴的前提是有以下三大适用条件，而且最好的是多个前提条件叠加，而非符合之一就可以。

### （一）条件一：旅游资源独特、经济发展落后地区

"栾川模式"的使用前提条件之一就是这个地区有比较独特的旅游资源，这些旅游资源不一定是世界级的，甚至也可能不是国家级的，只要是区域级的就好，在区域内能够具有比较优势，能够让人在局部区域能够明显地记住特征就好。比如栾川，夏天就比河南省其他地方相对清凉一些，伏牛山地区景区开发较为给力，有这些也足够了。

同时这个地方的经济要相对落后，因为如果这个地区经济相对发达，一般而言，不会选择旅游行业作为整个区域的经济突破口的，肯定会优先考虑其他较为成熟的经济进行发展，比如工商。

当然如果这个地区一开始就是以旅游作为主导而实现经济发展的，就更不适合"栾川模式"了，因为原有的旅游发展必定有路径依赖，对于"栾川模式"这种高度政府主导型的发展模式抗拒也会比较大。

完全优秀而独特的旅游资源地，也不需要"栾川模式"来启动，只需要将基础设施做好，就水到渠成了，如云南、贵州的某些地方。而完全没有旅游特色的地方，也不能用"栾川模式"来启动，完全没有特色，也很难无中生有，即使可以做成，也会花费巨大，不符合"栾川模式"的运作规律。

### （二）条件二：有一定旅游基础，但名声不显的地区

"栾川模式"是一种全民参与的旅游引爆模式，因此在实施栾川旅游时，需要有一定的旅游基础，完全没有旅游接待、旅游发展基础的处女地不适合"栾川模式"，因为巨大的游客量与几乎为零的接待设施，结果必然是灾难性的旅游体验。笔者亲历的广东某地举办的某花类旅游节就是如此，政府花费

大力气进行了旅游节引爆，营销效果也非常好，当天就有超过 10 万名游客奔赴此地，结果连基本的矿泉水都供给不足，厕所、餐饮、住宿这些更是几乎空白，让整个花类旅游节成为灾难。

“栾川模式”是当地具备一定旅游基础后，旅游名声不显的情况下，快速引爆旅游的方法，因此名声不显也非常重要。如果此地的旅游已经名声在外，人们已有固有印象，相应的刺激效果就会大打折扣，“栾川模式”就不适合了。

### （三）条件三：政府足够强势且市场经济不足的地区

这个前提条件就是这一地区政府足够强势，能够在很短时间内，通过强有力的政府将区域整合起来，而且还不会有较大阻力，这一点来说沿海很多地方就不适合了，因为这些地区很多是“弱政府”，光协调关系可能就废去几年时间，而发展时机已稍纵即逝。只有在“强政府”，或者虽然之前政府不作为却拥有足够的强势，只有这样才能够迅速地整合政府与非政府资源，实现全民营销。

除政府足够强势外，市场经济也要相对发展不足。因为如果仅仅政府强势，而本地区市场经济也较为发达，大家是很难跟政府一起合作的，通往经济成功的道路万万千千，政府选择的旅游发展模式不一定是最好的，在市场经济相对发达的地区，观望与不合作会大于合作，政府需要从试点开始一步步树立权威，一步步壮大合作者群体，而一旦这么做，就已经不是“栾川模式”了。

### （四）条件四：周边有经济相当的大型城市（群）、交通有保障

“栾川模式”是用行政资源整合全域力量，然后统一引爆市场的一种模式，因此市场很重要，而且这个市场不是全国性市场，是区域性的市场，因此周边 200 公里范围内有超大城市（1000 万人口以上）或大型城市群组合（1500 万人口以上），且周边 60 公里范围内有 300 万人以上人口的大城市。其中 60 公里范围内有人口百万级城市，才能够保证本地市场能为其提供基本生存的市场人群。200 公里范围内有巨型城市或大型城市群组合是保障市场引

爆的基本条件，在栾川案例中，60 公里范围内是洛阳市，人口达到 680 万人，200 公里范围内是郑州市，人口接近 1000 万人。

人口是一项重要指标，同时人均收入也需要有相应的数据，根据世界旅游组织 1997 年的数据，人均收入 GDP 达到 2000 美元，人们将拥有比较自由的国内度假的需求，将这一数据进行美元折算，当时 1 美元约折合现在的 4.3 美元，也就是 2018 年 8600 美元，约合人均收入 58000 元时，能够达到较为宽松的国内度假需求。2017 年郑州人均 GDP 达到 93143 元，洛阳人均 GDP 达到 56101 元，洛阳接近展开自由的国内度假的标准，而郑州则已经超过这一标准，因此“栾川模式”能够在 2017 年得以爆发。

当然，人口与经济水平的数据可以有一定的替代，人口越多，经济水平可以略微下降一些，经济水平越高，人口数据可以略微少一些，要视具体情形而定。

同时交通一定要有保障，与 60 公里范围内的大型城市之间要有非常便利的交通加以联通，最好是拥有高速公路，而与 200 公里范围的特大城市或大型城市群一定要有高速相连通，这样才能保证本地市场 1~1.5 小时内通达，从而保证一日游的顺畅；而与引爆市场之间 2~3 小时通达，从而保证两日游市场或周末游市场的顺畅。

近日收到洛阳市孙小峰局长三十多年工作经历总结而成的《亲历栾川模式》一书的书稿，进一步确定了“没有一蹴而就的旅游发展模式”这种观点。

在大投资、大营销、快速化旅游发展的今天，为什么还要说“没有一蹴而就的旅游发展模式”？因为旅游是一门慢生意，大手笔的投入、铺天盖地的炒作、名噪一时的“网红”运营，仅能够带来一时的巨大关注与流量，但是很难实现持续的发展与连续的盈利，因为还缺乏旅游发展的底蕴，缺乏后续的项目创新，缺乏持续的资金投入，缺乏必要的配套设施，缺乏支撑服务的人员，缺乏适应本地的制度保障。

“没有一蹴而就的旅游模式”是指一个站得住脚的旅游发展模式，没有时间的积累，没有几代旅游人的探索，没有人才的积累与可持续的培育机制，没有扎根于本土的创造力与转化力，很难让一种旅游发展模式得以延续。县花一现的“伪模式”居多，而能够持续释放活力的“真模式”少。

纵观整个“栾川模式”，可以分为两个阶段：第一阶段的“栾川模式”是“栾川模式”的初级探索阶段，这一阶段从1986年至2005年，也就是自1986年的栾川重渡沟旅游开发探索，到2005年提出“栾川模式”，期间经历了19年的探索，与当时的“焦作现象”“西峡经验”一同成为河南旅游探索的三页篇章。但“栾川模式”没有停止继续探索的步伐，从2005年至今是第二阶段的“栾川模式”，是“栾川模式”的升级转型阶段。从2005年概念提出至今，已经过去14年，栾川旅游的形态不断变化，成果也愈加辉煌，连续跨越了县域旅游人数十万级、百万级、千万级的能级三重山，可以说这个模式在当年提出后，不仅没有盛极而衰，反而破除了一个个桎梏，攀登了一个个新的高峰，这一点让人咋舌，让人钦佩。

“栾川模式”如何让人钦佩？它的经验放在如今仍具有普遍性的意义，从第一阶段的初级探索阶段来看，它解决了在“一穷二白”的落后地区，如何通过旅游把地方发展起来的问题。钱从哪里来？路从何处通？基本接待体系如何建？指标如何协调？拆迁如何进行？没钱怎么搞建设？营销怎么做？服务怎么开展？这些问题一桩桩、一件件都需要解决，放在当今时代下，有政策支持，有媒体助力，有社会资本助推，环境已经迥异于1986年的栾川了，他们从重渡沟开始的一系列景区开发探索，真正实现了贫困地区旅游从无到有的转变，也在一步步的开发过程中，让一批本地人投身于旅游事业，提高了认识、培育了队伍、夯实了基础，为后续栾川旅游的火热打下了根基。没有第一阶段的“栾川模式”作为参照，就很难看到中国广大穷困地区还有何发展旅游的动力与前景，而第一阶段的“栾川模式”就是明确地告诉我们，在落后地区，发展旅游实现扶持是可能的、是可行的，也是可为的。“栾川模式”的第一阶段也告诉我们，在落后地区，发展旅游的根基还在本地，要通过本地人的努力，带活本地的旅游人才队伍，提升本地的投资意愿，发挥本地人的积极性，谋划本地特色的创意，致富本地人民，这样才有根基，才能为后续的进一步拓展提供可能。没有这一阶段的沉淀，后续的发展就是海市蜃楼，所谓模式也吹弹可破。

而“栾川模式”的第二阶段，升级转型探索则能给现在大多数已经有一定基础的旅游区域以启示。在已有一定旅游发展基础的地方，面临的往往就是“过把火就死”“网红必死”的局面，或者增长乏力、前景不明的局面，如何能保持热度，还能实现能级的跳跃？下一个新景区如何开发？后续的资本怎么招揽？未来的业态如何确定？新的流量如何形成？标准服务如何制定？超出标准的预期如何创造？2005年以后的“栾川模式”探索给了比较明确的答案，一是体系化的旅游产业的建立，不是一个景区，而是一批景区，加上交通、住宿、购物、饮食、娱乐，各个环节都要充实。二是要体系化的品牌意识，要冲A，要提升。只有体系化的品牌建立，才能形成地域集群式的旅游发展。三是要打破自己的舒适区，要学习借鉴。躺在自己的模式上不再向前，只有死路一条，要不断地学习先进旅游地的新做法，要充分利用新媒体、新技术，要发展新业态，倡导新项目。四是要有本地旅游人才梯度队伍，也要适时引入外地新鲜专业投资。本地旅游人才梯度队伍是保障，增强本地意识，让本地富起来，这是地方旅游发展之基，也是旅游持续投入的基本盘。外来新鲜血液及专业投资也非常重要，这样才能带来新的领域、新的认识、新的榜样、新的可能。五是要创新，要能够结合大政方针与地方实际去创新，走在正确的赛道上，不断发力；要创新项目，要有新的刺激点来应对旅游者新的需求。例如，栾川在整个中原地区是第一个做滑雪场的，新项目带来新机遇，也奠定了新地位。

“没有一蹴而就的旅游发展模式”，经得起时间沉淀的旅游地，必然有其持续发展之道，栾川如此、张家界如此、湖州如此、四川如此，外界在感慨一个旅游发展模式带来的各方面综合效应，“旅游人”必须能够清醒认识模式背后的积累积淀与创新。

**小结**

齐白石先生曾言：“学我者生、像我者死”，因此栾川模式成功了，我们可以学习借鉴它的部分经验，但它是有它的关键之处的，也有它的成功的适用前提条件，如果不顾这些，一味地照搬，只怕是会画虎不成反类犬，折腾之后一地狼藉。

# 后 记

本书得以出版，要感谢在本书撰写过程中，方方面面给我以帮助的人及机构。

首先要感谢深圳大学给我以宽松的环境，能够让我在自己喜欢的领域中畅所欲言。

感谢我的太太、女儿及家人的支持，是他们让我有时间能放下家中事务，专注于本书的撰写。

感谢行业内的各位朋友支持，与诸多的业界人士有着众多探讨，他们之中有很多是城市旅游的管理者和实践者，很多是省域旅游的决策者，有一些专家甚至是国家层级的领航者，更多的是在一线进行旅游操盘的行业实践者。你们给了我写作的素材，并与我进行诸多的探讨，提出了诸多的建议，你们是本书的一个个论点的实践者，没有与你们同行，就没有此书的诞生。

感谢《中国旅游报》社有限公司报张枚老师、品橙旅游金靖诺编辑、凤凰网旅游频道许玥总编及张致宁编辑、重庆商报罗敏记者、劲旅网陈杰主编、《时代周刊》吴怡，谢谢诸位在素材及文字方面给予的指正。

感谢深圳大学邓万金主任、陈民盛主任、谷雪儿主任、杜鹏老师、林训涛老师，暨南大学董观志老师，中国旅游研究院蒋依依老师，江西财大邢亮老师，谢谢诸位老师在成书过程中给予的学术建议。

感谢博看文旅公众号的彭晓星、张宝婧、陈宥蔓、周耀锴、林思君、郭卓浩等伙伴的支持，在文章排版、发布等事宜上为我解决了诸多问题。

感谢中国旅游出版社有限公司的段向民主任在本书出版前后给予的诸多

帮助，出版的每个环节，段主任都给予了极大帮助，谢谢！

还有太多的人、太多的机构给予了我太多的帮助，对本书的成型起到了关键性的作用，在这里未能一一列举，谢谢诸位！

有幸能与诸位在行业内共同探索，有幸能将观察及所感阐述，有幸能够将所思所想付梓出版，幸甚之至！愿与诸位共同在旅游业中砥砺前行，继续探索！

谢谢！

刘杰武于荔园

2021 年 9 月 26 日

项目策划：段向民
责任编辑：武　洋
责任印制：钱　宬
封面设计：武爱听

图书在版编目（CIP）数据

热门区域旅游发展分析 / 刘杰武著. -- 北京 : 中国旅游出版社, 2024.6

（深圳大学师范学院学术创新文库）

ISBN 978-7-5032-6964-6

Ⅰ. ①热… Ⅱ. ①刘… Ⅲ. ①区域旅游－旅游业发展－研究－中国 Ⅳ. ①F592.7

中国版本图书馆CIP数据核字(2022)第087191号

书　　名：热门区域旅游发展分析

作　　者：刘杰武
出版发行：中国旅游出版社
（北京静安东里 6 号　邮编：100028）
http://www.cttp.net.cn　E-mail:cttp@mct.gov.cn
营销中心电话：010-57377103，010-57377106
读者服务部电话：010-57377107
排　　版：北京旅教文化传播有限公司
经　　销：全国各地新华书店
印　　刷：三河市灵山芝兰印刷有限公司
版　　次：2024 年 6 月第 1 版　2024 年 6 月第 1 次印刷
开　　本：720 毫米 ×970 毫米　1/16
印　　张：14.5
字　　数：228 千
定　　价：49.80 元
ISBN　978-7-5032-6964-6